JUTTA D. BLUME

Mit dem ersten Eindruck begeistern

Wie wir andere in 5 Minuten für uns gewinnen
Entspannt und authentisch in Beruf und Privatleben

Ich coache mich selbst!

humboldt

INHALT

VORWORT

Begegnungen sind mit das Wichtigste in unserem Leben. Sie prägen unsere Stimmungen wie kaum etwas anderes und entscheiden oftmals über den weiteren Verlauf unseres Lebens. Mal sind es die zufälligen, mal die sorgsam geplanten Treffen, die unserem Leben eine entscheidende Wendung geben können. Egal, ob es im beruflichen Umfeld oder im privaten Bereich ist: Wer im Kontakt mit seinen Mitmenschen spontan einen guten Eindruck machen kann, hat ungeahnte Vorteile.

Wir kennen alle das Sprichwort: „Es gibt keine zweite Chance für den ersten Eindruck." Und die Zeit, in der dieser erste Eindruck entsteht, ist sehr kurz. Es dauert nur wenige Sekunden, bis wir uns ein erstes Gefühl, ein erstes Bild vom anderen gemacht haben, und nur wenige Minuten, bis dieser erste Eindruck entstanden ist – und der ist dann erstaunlich hartnäckig und nicht mehr so leicht veränderbar. Gerade wenn eine Begegnung mit einem noch unbekannten Menschen geplant ist, ist uns also meist daran gelegen, von Anfang an gut rüberzukommen. Doch wie gelingt uns das?

Es gibt Menschen, die haben offenbar dieses „Gen" mitbekommen, spontane Sympathie zu erzeugen. Wenn man sie fragt, wie sie das machen, können sie es oft gar nicht erklären. Sie sind eben so. Und doch gibt es gewisse „Regeln" für diese Magie. Ein guter „Auftritt" ist lernbar. Und er ist viel leichter, als wir denken!

„Ein guter „Auftritt" ist lernbar. Und er ist viel leichter, als wir denken!"

Wie also machen wir beim ersten Treffen in kurzer Zeit einen so positiven Eindruck, dass unser Gegenüber fasziniert und beeindruckt ist, uns vertraut und Lust hat auf mehr? Wie erhalten wir einen vielleicht schon schriftlich oder telefonisch aufgebauten guten Draht aufrecht und bauen ihn im persönlichen Kontakt weiter aus?

In diesem Buch erfahren Sie die Antwort auf die Frage: Wie kann ich vom ersten Moment einer Begegnung an auf kraftvolle Weise der sein, der ich bin, und damit echte, bleibende Sympathie erzeugen? Sie lernen effektive Methoden, die Sie vor und während des Treffens anwenden können. Anhand zahlreicher Beispiele aus dem Alltag, Checklisten und praktischen Übungen bekommen Sie viele Anregungen, die Sie brauchen, um Ihren individuellen Stil im Erstkontakt zu optimieren.

„Sie lernen effektive Methoden, die Sie vor und während eines Treffens anwenden können."

Dieser Ratgeber wartet mit psychologischen Tipps genauso auf wie mit Beispielen und unterhält dabei durch einen leicht lesbaren Stil. Es wird auf die verschiedenen Bereiche von Geschäftskontakten, die zufällig im Aufzug entstehen, ebenso eingegangen, wie auf freundschaftlich geprägte Treffen, Begegnungen auf Reisen und im Urlaub oder die allererste Kennenlernphase im Partnerschaftsbereich.

Übrigens: Planen Sie auch ein bisschen Übung im Alltag mit ein. Vom Lesen allein ändert sich zwar schon sehr viel: unsere Gedanken, Vorstellungen und inneren Bilder, unsere innere „Stimme", Gefühle,

Wissen, Ideen und vieles mehr. Damit sich neues Verhalten jedoch auch in unserem spontanen Verhalten wirklich verankern und zu einer neuen, abrufbaren Fähigkeit werden kann, ist es hilfreich und notwendig, die neuen Techniken in überschaubaren Schritten anzuwenden und regelmäßig zu üben. Niemand außer Ihnen selbst wird etwas davon bemerken. Übungsanregungen finden Sie nach jedem einzelnen Abschnitt.

Viel Erfolg!

Ihre
Jutta D. Blume
Diplom-Psychologin

Wenn im Text immer wieder der Einfachheit und leichteren Lesbarkeit halber von „er" die Rede ist, so ist damit „der Gesprächspartner", „der Persönlichkeitstyp", „der andere" keineswegs nur in männlicher Version gemeint, sondern alle Menschen.

DER ERSTE EINDRUCK – WICHTIGER DENN JE

Heute geht alles viel schneller als früher. Im privaten Umfeld kommt diese Situation am deutlichsten beim sogenannten Speeddating zum Ausdruck, das auf den ersten Blick wie eine Karikatur seiner selbst wirken mag, jedoch unsere heutige Zeit geradezu perfekt widerspiegelt: Im Sieben-Minuten-Takt lernen sich zwei Singles kennen, dann kommt der nächste dran. Eine weitere typische Situation unserer Zeit ist das erste persönliche Treffen nach einer vorangegangenen Kennenlernphase per Internet oder die Reisebekanntschaft. Immer mehr Singles reisen heute mit steigendem Trend alleine und freuen sich natürlich, wenn in den schönsten Wochen des Jahres ein paar neue Freundschaften entstehen.

Im beruflichen Umfeld ist es das klassische Bewerbungsgespräch, die Begegnung mit potentiellen Kunden auf einer Messe oder ein wichtiger Neukundentermin vor Ort. Manche Berufe, z. B. im Vertrieb, im Network Marketing oder im Verkauf, sind so ausgelegt, dass man mit fremden Menschen im Erstkontakt praktisch umgehend eine Vertrauensbasis aufbauen muss, um später

> Ohne Vertrauensbasis im Erstkontakt gelingt eine spätere Beziehung nur schwer.

oder am besten sofort einen Auftrag an Land zu holen bzw. eine Ware oder Dienstleistung zu verkaufen. Gelingt das nicht im Erstkontakt, so gibt es oft auch später keine Geschäftsbeziehung. „Raus ist aus" ist in diesem Bereich ein altbekanntes Sprichwort.

Früher war der Erstkontakt außerdem meist gleichbedeutend mit der ersten Begegnung. Man nahm sich mehr Zeit. Äußerlichkeiten spielten eine größere Rolle, und man wusste voneinander fast gar nichts. Heutzutage wissen die Beteiligten oft über das Internet schon sehr viel über den anderen, ohne sich jemals begegnet zu sein. Der mentale erste Eindruck ist in diesem Fall bereits längst vor dem Treffen entstanden. Kommt es nun zur Begegnung, gelten wieder etwas andere Spielregeln und sind ganz neue Herausforderungen zu bewältigen.

Entwickeln Sie Ihre „Marke"!

Heute geht es darum, in kürzester Zeit authentisch, kraftvoll und inspirierend zu wirken. Es ist wichtiger denn je, Kompetenz, Selbstbewusstsein und positive Energie auszustrahlen und uns von den vielen anderen irgendwie abzuheben und unsere einzigartige „Marke" zu entwickeln. Wie auch immer: wir wollen bei unserem Gegenüber mit unserer individuellen Einzigartigkeit auf ehrliche und zugleich effektive Weise zu einem bleibenden guten Eindruck beitragen.

Noch vor wenigen Jahrzehnten war man bemüht, korrekt, seriös und in jeder Hinsicht angepasst an die gesellschaftliche Etikette aufzutreten. Bloß nicht auffallen! Denn das hieß mit hoher Wahrscheinlichkeit, unangenehm auffallen – mit anderen Worten, dass man sich blamierte. Dies zeigte sich angefangen bei einer beruflich wie privat relativ strengen Kleiderordnung bis hin zu engen Vorstellungen, was man zu tun und zu lassen hatte, dem Austausch von Höflichkeitsfloskeln sowie Hierarchie- und Rollen-„spielchen". Es wurde erwartet, dass man sich in einer bestimmten Art benahm und den Gegebenheiten der jeweiligen Umgebung unterordnete. Man versteckte sich als Individuum hinter seiner Rolle, und das war so gewünscht. Alle machten es. Es gehörte praktisch zum guten Benehmen einer ganzen Generation.

Die Folge eines solchen Verhaltenskodexes ist auf Dauer, dass sich nicht nur alle sehr ähnlich benehmen, sondern auch, dass man nach außen hin zwar „funktioniert", sich aber innerlich mehr und mehr einsam fühlt. Denn das äußere Verhalten weicht zum Teil ja sehr deutlich von unserem inneren Befinden ab. Das ist es, was man „Rolle" nennt.

Wir tun das, was wir glauben, tun zu müssen – unabhängig davon, wie wir uns innerlich fühlen. Nur wenigen Menschen vertraut man sich an und zeigt sich, wie man wirklich ist.

Es ist von Mensch zu Mensch unterschiedlich, in welchem Ausmaß er sich völlig ehrlich zeigt oder eine Rolle spielt. In vielen Kreisen ist es nicht üblich, sich als Mensch mit Stärken und Schwächen zu zeigen. Auf die Frage: „Wie geht's?" sagt man grundsätzlich „Danke, gut" – auch wenn es gar nicht stimmt, ganz besonders im beruflichen Umfeld, aber oft auch in der Nachbarschaft. Es kommt uns vor manchen Menschen oft mehr auf die Außenwirkung an als auf die gefühlte Wahrheit. Denn wir fühlen uns irgendwie unangenehm oder unsicher, wenn andere Menschen etwas über unsere Schwächen und Probleme wissen. Was könnten sie von uns denken oder über uns reden? Vielleicht könnten sie es irgendwie ausnützen? Also versuchen wir, mit einem guten „Auftritt" das Gesicht zu wahren, unsere beste Seite zu zeigen, möglichst perfekt und kompetent rüberzukommen – und hinter dieser „Rolle" fühlen wir uns sicher.

Je größer die Diskrepanz zwischen innen und außen ist oder wird, umso mehr Kraft kostet diese „Show". Und es gibt in den letzten Jahren immer mehr Menschen, denen das unangenehm bewusst wird, die das nicht mehr wollen und auch keine Energie mehr dafür haben. Auch die steigende Rate der Burnout-Fälle ist ein Indiz dafür, dass die Orientierung an äußeren Rahmenbedingungen und das systematische Übergehen der inneren Wahrheit auf Dauer krank macht.

Heute gibt es im beruflichen Umfeld wie auch im privaten eine wachsende Sehnsucht nach echter Menschlichkeit.

Heute gibt es sowohl im beruflichen Umfeld als auch im privaten eine wachsende Sehnsucht nach echter Menschlichkeit. Wir suchen mehr oder weniger bewusst nach einer neuen Art von Sicherheit im Umgang mit anderen – einer Sicherheit, die aufgrund von herzlichem, offenem und beständigem Miteinander entsteht. Wie aber können wir jemandem vertrauen, der sich nicht zeigt? Der seine Meinung zurückhält, immer nur angepasst nickt und so durchschnittlich und unauffällig im Strom mitschwimmt, dass man ihn kaum wahrnimmt? Verspricht so jemand, loyal zu sein? Jemand, auf den wir uns – wenn es schwierig wird – wirklich verlassen können? Wir wissen es nicht. Weil wir ihn nicht kennen. Selbst wenn wir zehn Jahre miteinander oder nebeneinander arbeiten oder Tür an Tür wohnen. Wir kennen einander nicht.

Wenn wir lediglich als „Rolle" miteinander umgehen, dann wissen wir nicht, wer sich dahinter verbirgt – und das ist ein komisches Gefühl. Fremd, distanziert und ein bisschen künstlich. Wie auf einer Faschingsparty, bei der jeder so gut verkleidet ist, dass man sich aufgrund der perfekten Maskerade wirklich nicht erkennen kann. Wir fühlen uns in „echten" Begegnungen wohler und entspannter. Aber einer von uns muss damit anfangen!

Diese Art des Umgangs ist gerade im Umbruch, denn die Menschen haben keine Energie und keine Lust mehr darauf, sich zu verstellen oder von einem Rollenkabinett umgeben zu sein. Wir sind von denen begeistert, die uns im Inneren berühren und beeindrucken. Wir wollen etwas Echtes, Wahrhaftiges – doch von klein auf haben wir gelernt, uns zusammenzureißen und bemüht zu sein, so zu sein, wie man eben sein sollte. Es ist daher etwas Neues.

Wenn wir unserem Gegenüber in Erinnerung bleiben möchten, dann müssen wir ihm Gelegenheit geben, neben einer guten Optik auch ein gutes Gefühl zu bekommen. Dazu müssen wir ihn aber wirklich im Inneren erreichen, beeindrucken und bewegen. Und das geht nicht, indem wir lediglich ein gesellschaftskonformes, perfektes Rollenspiel absolvieren und versuchen, auf der Verhaltensebene alles „richtig" zu machen. Die Kunst liegt darin, durch ein unerwartet authentisches, lebendiges und ehrliches Auftreten unser Gegenüber schlagartig wach zu machen, ohne dabei so zu übertreiben, dass es ins Negative abrutscht.

Wir können es wagen, uns zu zeigen, wie wir sind, denn das kommt mehr und mehr gut an. Mut zur Ehrlichkeit ist die Devise. Voraussetzung für einen so authentischen „Auftritt" ist, dass wir mit uns selbst einigermaßen im Reinen sind. Zumindest in dem Maß, dass wir zu dem, wie wir uns gerade fühlen, stehen können. Tun wir das nämlich nicht, so haben wir unweigerlich die automatische Tendenz, uns zu verstecken und zu verstellen, und das schmälert automatisch unsere Ausstrahlung. Das ist das „alte Spiel". Es ist out.

Keiner hat nur Stärken oder nur Schwächen. Wir sind immer eine Mischung aus beidem und noch viel mehr. Menschen mit Charisma und einer starken Ausstrahlung versuchen erst gar nicht, jemand anders zu sein. Sie sind auf eine erfrischende Weise ganz und gar sie selbst. Und das ohne besonders schön oder genial zu sein. Sie leben etwas, was wir „Normalos" vergessen haben: Jeder von uns ist „anders", und wir sind lauter Einzelstücke. Aus dieser Individualität können wir eine einzigartige, wiedererkennbare „Marke" machen.

> Zeigen Sie sich, wie Sie sind, denn das kommt mehr und mehr gut an.

VOR DER BEGEGNUNG

Lassen Sie uns als Erstes gemeinsam klären, wodurch jemand auf *uns* einen guten ersten Eindruck macht. Schließen Sie einfach mal kurz die Augen und überlegen Sie, wovon es für Sie abhängt, dass Sie einen bislang fremden Menschen im Erstkontakt innerhalb der ersten wenigen Sekunden bis Minuten positiv bewerten. Jetzt!

Was macht einen Menschen sympathisch und interessant? Eines der Hauptkriterien, die immer wieder genannt werden, ist selbstbewusstes, freundliches, offenes Auftreten. Eins steht fest: Wir können nicht unser eigener strengster Kritiker und zugleich locker und selbstbewusst sein. Zumindest nicht zur gleichen Zeit. Wenn wir übermäßig hohe Ansprüche an uns stellen, verspannen wir uns automatisch und wirken irgendwie verklemmt und verkrampft. Wichtig ist also, dass wir lernen, uns selbst leiden zu können, und zwar nicht nur unsere Stärken, sondern eben auch unsere Schwächen – damit uns unser Gegenüber auch leiden kann. Denn warum sollte er es tun, wenn wir es schon selbst nicht machen?

Gut rüberkommen: Selbstwertgefühl und Selbstbewusstsein

Leichter gesagt als getan, meinen Sie? Da haben Sie Recht! Es ist vielleicht eine unserer größten Herausforderungen, uns mitsamt unseren Schwächen zu mögen. Dabei sind Schwächen etwas, das wir im Grunde selbst erfinden: Wir sehen etwas an uns, das wir nicht können – was doch im Grunde ganz normal ist: Wer kann schon erwarten, alles zu können? Aber anstatt nach den Dingen Ausschau zu halten, die wir gut können, die uns leichtfallen und in denen wir auf irgendeine Weise herausragend sein oder werden könnten, konzentrieren wir uns oft auf irgendetwas, wovon wir glauben, es können zu müssen und eben nicht können, und messen dem einen relativ großen Wert bei. So entsteht ein völlig verzerrtes Selbstbild. Je nachdem, auf was er sich fokussiert, könnte der gleiche Mensch sich also selbst für genial, für mittelmäßig oder für unterdurchschnittlich halten. Und er hätte in jedem Fall Recht, denn es ist eine Sache des Blickwinkels.

Doch macht es natürlich viel mehr Freude, nach seinen Stärken, Interessen, Begabungen und uns typischen, sympathischen Eigenheiten Ausschau zu halten. Das Ergebnis ist genauso wahr. Und von dort aus fällt es uns möglicherweise leichter, unsere weniger entwickelten Fähigkeiten einfach zu akzeptieren.

Fakt ist jedenfalls: Je besser wir drauf sind, umso besser können wir uns weiterentwickeln und dazulernen. Und je mehr wir uns entwickeln, umso mehr strahlen wir von innen heraus, haben wir eine Ausstrahlung. Es ist also unsere eigene Entscheidung, ob wir uns auf unsere Schwächen oder auf unsere Stärken konzentrieren, ob unser Weg anstrengend, dunkel und steinig ist – oder wir den wählen, auf dem die Sonne scheint. Worauf haben Sie mehr Lust?

Ob wir uns auf unsere Stärken oder gewisse Schwächen konzentrieren, beeinflusst maßgeblich unser Selbstbewusstsein und unsere Ausstrahlung.

Wie auch immer wir uns entscheiden: Diese Entscheidung beeinflusst maßgeblich unser Selbstbewusstsein und unsere Ausstrahlung. Unser Selbstbewusstsein ist also nichts anderes als die Ansammlung der Annahmen über uns selbst. Und damit änderbar! Das Selbstbewusstsein ist eine Art innere Skala, wie sehr wir uns mögen, mit allem Drum und Dran. Und die bestimmt nicht nur unsere innere gefühlte „Großwetterlage", die strahlen wir auch aus. Das heißt nicht, unsere Schwächen verdrängen oder ignorieren, es heißt nur, kein Drama draus zu machen.

Legen Sie sich ein Übungsheft an, in dem Sie die Ergebnisse der folgenden Übungen notieren können.

ÜBUNG: EMPFINDEN SIE SICH ALS SELBSTBEWUSST?

Auf einer Skala von 0 bis 10 – wo sind Sie da gerade?
Fühlen Sie doch mal hin! Jetzt!

_____

_____

Hm, schwer zu sagen? Es ist ja auch tagesformabhängig, nicht wahr? Die Sonne scheint, die Bäckereiverkäuferin hat uns besonders freundlich angelächelt, wir haben sofort einen perfekten Parkplatz gefunden – und schon würden wir unser Selbstwertgefühl um ein paar Prozentpunkte höher einschätzen als an einem Tag, an dem gleich von früh an alles schiefgegangen ist und uns vielleicht noch ein Vorgesetzter fachlich hart kritisiert hat. Und das, obwohl wir doch der gleiche Mensch sind. Eigentlich seltsam, oder?

Mag dich selbst, sonst mag dich keiner!

Es ist also ein lebendiges Wesen, dieses Selbstbewusstsein, und reagiert sensibel auf unsere Umgebung und unsere aktuellen Erfahrungen. So weit, so gut. Was aber machen wir, wenn wir nun mal nicht zu den Menschen gehören, deren Selbstliebe im oberen Drittel zuhause ist? Dazu gibt es zwei Antworten:

Erstens: Machen Sie sich nicht verrückt, wenn es mal nicht gut läuft. Der Verlauf einer Begegnung hängt nicht alleine von uns ab, sondern von einer Vielzahl von Kriterien, die wir unmöglich alle kontrollieren oder gar manipulieren können. Schließlich hat der andere ja auch noch ein bisschen Mitverantwortung. Und wer sagt eigentlich, dass *wir ihn* oder *sie* mögen werden? Wer sagt, dass wir diesen Job überhaupt wollen, wenn wir dieses Gegenüber erst kennengelernt haben? Er oder sie kann sich ruhig auch ein bisschen anstrengen, Kontakt ist schließlich keine Einbahnstraße. Und falls es Sie beruhigt: Es gibt durchaus auch so etwas wie „Bestimmung". Ich persönlich finde diese Sichtweise immer sehr beruhigend. Wenn es sein soll, dann klappt es auch – mit uns, wegen uns oder trotz uns. Selbst wenn uns – aus unserer Sicht – irgendetwas saumäßig Blödes passiert, kann es durchaus sein, dass dem Gegenüber gerade *das* ungeheuer sympathisch ist. Also denken Sie ruhig: „So wie ich bin, bin ich eben – mehr oder eben auch weniger selbstbewusst."

Zweitens: An einem besseren Selbstwertgefühl kann man arbeiten. Es lohnt sich – nicht wegen den anderen und der Außenwirkung, sondern für uns selbst. Haben wir es nicht verdient, dass wir gut über uns denken? Dass wir uns selbst der nächste und treuste Freund sind, den wir haben? Je widriger die Situation ist, umso schwieriger ist es, liebevoll mit uns selbst zu sein. Allerdings ist es dann umso wichtiger. Wie bei einem Freund: Gerade, wenn es einem schlecht geht, braucht man ihn, nicht nur bei Sonnenschein. Wir können lernen, uns selbst so ein innerer bester Freund zu sein. Und dadurch wachsen ganz nebenbei unser Selbstbewusstsein und unsere Außenwirkung. Haben Sie Lust darauf?

Wenn Sie Ihr Selbstbewusstsein erhöhen wollen, erarbeiten Sie sich als Erstes eine Art „Positivliste" von sich.

Alles, worauf wir uns konzentrieren, wird in unserem bewussten Aufmerksamkeitsfokus größer. Mit anderen Worten: Wenn wir unser Selbstbewusstsein erhöhen wollen, dann sollten wir uns sinnvollerweise als Erstes einmal eine Art „Positivliste" von uns erarbeiten, die wir mit ehrlichen Gefühlen aufladen können. Mein Vorschlag an dieser Stelle: Holen Sie sich was zu schreiben und stellen Sie sich ganz ernsthaft diese Fragen. Sie sind der erste innere Baustein zu einem guten Eindruck.

ÜBUNG: DIE POSITIVLISTE

Was mögen Sie selbst an sich?

_____

_____

Was mögen Ihre Freunde an Ihnen?

_____

_____

Was könnte jemand an Ihnen gut, schön, sympathisch, faszinierend, interessant finden, der Ihnen wohlwollend gegenübersteht?

_____

_____

Was können Sie gut? Was konnten Sie mal gut?

_____

_____

Welche Eigenheiten machen Sie auf sympathische Weise aus?

_____

_____

Was an Ihrem Aussehen ist positiv oder zumindest akzeptabel?

_____

_____

Warum sind Sie ein guter Freund?

_____

_____

Auf was haben Sie wirklich Lust im Leben?

_____

_____

Welche Eigenschaften haben Sie, die allgemein als positiv bewertet werden?

_____

_____

Nehmen Sie sich ein paar Minuten Zeit, um sich mal selbst auf die Schulter zu klopfen und Ihre positiven Seiten anzuerkennen. Und schieben Sie bitte das Gefühl, „bescheiden" sein zu müssen, möglichst mal kurz auf die Seite. Seien Sie einfach mal freundlich und großzügig mit sich. Warum könnte man Sie also gern haben? Wofür respektieren und achten? Was alles sind Ihre Stärken? Die kleinen und die großen? Nehmen Sie sich bitte ein paar Minuten Zeit dafür. Wenn Sie's jetzt nicht tun, wer weiß, wann Sie das nächste Mal dazukommen. Jetzt!

ÜBUNG: WAS ICH AN MIR MAG

_____

_____

Wer bei diesen Fragen innerlich stumm bleibt und ratlos mit den Schultern zuckt, ist eindeutig zu streng mit sich und offenbar viel zu fokussiert auf seine Schwächen. Das ist eine sehr schlechte Angewohnheit, aber auch nicht mehr. Angewohnheiten kann man ändern, wenn sie nicht taugen. Bescheidenheit ist schön und gut, doch wenn wir damit so übertreiben, dass wir gedanklich kaum noch etwas Positives über uns zustande kriegen, dann hat das mit Bescheidenheit im positiven Sinne nichts mehr zu tun, sondern ist schlichtweg gemein sich selbst gegenüber. Übermäßige Strenge gegen sich selbst sollten Sie sich schleunigst abgewöhnen, wenn Sie auf andere Menschen einen guten Eindruck machen wollen. Strenge macht uns weder glücklich noch erfolgreich, sondern auf Dauer verkniffen. Außerdem macht sie Falten. Und wir strahlen diese Verkrampftheit auch aus.

Bescheidenheit ist schön und gut, aber machen Sie sich nicht kleiner oder schlechter als Sie sind!

Selbstbewusste Menschen können einige Dinge an sich selbst gut leiden. Wenn es selbstbewusste Menschen sind, die auch noch sympathisch sind (also nicht die arroganten Typen, die jedem auf die Nerven gehen), dann kennen sie auch durchaus ihre Schwächen – und verzeihen sie sich. Oder arbeiten an dem einen oder anderen Punkt, der ihnen wirklich wichtig ist. Und können dabei auch mal über sich selbst lachen. Wäre das nicht eine gute, vielleicht neue Angewohnheit, die sich lohnt zu üben – was meinen Sie?

Um selbstbewusst zu sein, müssen wir keineswegs ein Held sein, wie ein Model aussehen oder den IQ von Einstein haben. Es reicht völlig, sich seiner Eigenheiten auf entspannte und freundliche Weise bewusst zu sein.

Sind Sie fair mit sich?

Bei der Selbsteinschätzung fair mit sich zu sein bedeutet, dass wir eben nicht nur innerlich an uns herumkritisieren und meckern, während wir Dinge, die uns leichtfallen, als zu ignorierende Selbstverständlichkeit ansehen. Das ist unfair uns selbst gegenüber. Eine gute Selbsteinschätzung bedeutet auch anzuerkennen, was wir gut können und warum jemand Recht hat, wenn er uns mag. Sie bedeutet auch, dass wir daran glauben, dass wir es verdient haben, gemocht und geachtet zu werden.

ÜBUNG: DEN TAG REVUE PASSIEREN LASSEN

Eine sehr gute Übung hierzu ist, wenn Sie sich angewöhnen, ab sofort täglich abends den Tag Revue passieren zu lassen und dabei endlich auch all die vielen, kleinen und größeren Momente zu finden, in denen Sie ein netter, sympathischer, fähiger, fleißiger, pünktlicher, geduldiger, zuverlässiger oder vielleicht humorvoller, mitfühlender, hilfreicher Mensch waren oder sonst irgendetwas, das Sie selbst gut finden. Es wird leichter, wenn Sie erst mal angefangen haben, danach zu suchen. Wenn Sie wirklich Ihre Selbstliebe verbessern möchten, machen Sie diese Übung einmal täglich mindestens drei Wochen am Stück.

Überlegen Sie also: Sind Sie fair mit sich, waren Sie es bisher? So, wie man mit einem Menschen umgeht, den man mag – weil er eine Chance verdient hat? Falls nicht, können Sie es ändern – auch wenn es zugebenermaßen nicht immer ganz leicht ist.

Noch besser wäre es, wenn Sie diese Übung so lange machen, bis Sie automatisch im Lauf des Tages bei den verschiedensten Momenten innerlich denken: *„Das* war jetzt gut, das kommt heute Abend auf die

Liste!" Dann haben Sie es nämlich geschafft, Ihr Unterbewusstsein umzuprogrammieren und auf eine neue Suche einzustellen, nämlich nach Gründen zu suchen, die Sie vor sich selbst in einem guten Licht stehen lassen. Das ist genauso die Wahrheit wie nach Negativem Ausschau zu halten, nur macht es viel mehr Freude als umgekehrt. Und führt ganz nebenbei zu einer harmonischeren, selbstbewussteren Ausstrahlung.

> **!** **Tipp:** Suchen Sie jeden Tag abends rückblickend nach neuen Aspekten Ihrer selbst, die Sie als positiv verbuchen können – bis Ihr Unterbewusstsein abgespeichert hat: Ich gehöre zu den Guten!

Nehmen wir also an, Sie haben ein paar Eigenschaften an sich gefunden, die Sie ganz sympathisch finden, und sind im Prozess, in den nächsten Tagen und Wochen noch weitere zu entdecken. (Achtung: Nur wenn wir systematisch und diszipliniert an unserem Selbstbewusstsein üben, wird es wirklich besser!) Was sich währenddessen bei den meisten Menschen einstellt, ist ein langsam freundlicher werdender innerer Ton, in dem wir uns und unsere Tätigkeiten gedanklich kommentieren.

Ist Ihnen schon mal aufgefallen, dass wir geistig manchmal mit uns selbst reden? Hören Sie sich doch mal zu, wie Sie über sich selbst „reden". Je mehr Sie sich auf Ihre positiven Seiten konzentrieren, umso mehr fällt Ihnen zunächst auf, wie negativ zuweilen Ihr innerer „Ton" ist. Vielleicht bemerken Sie erstmals, wie Sie innerlich mit sich umgehen, z. B. wenn uns etwas misslingt, oder eine wichtige Begegnung vor Ihnen liegt. Vielleicht fällt Ihnen jetzt erst auf, wann Sie im Geiste besonders unerbittlich mit sich sind. Wenn das passiert, läuft alles nach Plan. Es setzt nämlich langsam ein Bewusstsein über den Grad Ihrer Selbstliebe ein.

Ärgern Sie sich nicht, wenn Sie dabei innere Unfreundlichkeiten entdecken, denn die waren vorher auch schon da und haben aus dem Untergrund heraus ihr Unwesen getrieben. Denken Sie einfach: „Na und – es ist nichts als eine schlechte Angewohnheit, die gerade im Begriff ist, ausgemustert zu werden. Gut, dass ich sie aufgespürt habe, so kann sie sich auflösen. Ich muss nicht perfekt sein. Es ist okay, mich darum zu bemühen." Und dann einfach freundlich weitermachen ...

Unsere Schwächen

Sie meinen, wir sollten auch Ihre schlechte Seite kurz ansprechen, weil sie ja schließlich auch zu Ihnen gehört? Gut: Überlegen und notieren Sie sich jetzt auch Ihre wirklich negativen Eigenschaften. Was ist so richtig schrecklich an Ihnen? Was so einschüchternd grauenhaft, dass es Sie selbst in der Begegnung mit wichtigen Menschen hemmt? Was an Ihnen könnte andere vertreiben, was an Ihrem Aussehen ist so abstoßend, dass man Sie nicht mögen könnte? Denken Sie nach! Jetzt.

ÜBUNG: WAS ICH NICHT AN MIR MAG

Bitte lesen Sie erst weiter, wenn Sie die kleine Übung wirklich gemacht haben. Ich bin sicher, es ist Ihnen einiges eingefallen. Die Negativliste geht den meisten Menschen leichter von der Hand. Das liegt allerdings nicht daran, dass wir wirklich mehr schlechte Seiten als positive haben, sondern daran, dass wir von klein auf gelernt haben, selbstkritisch und bescheiden zu sein. Im Zuge der Erziehung zu einem anständigen, gesellschaftsfähigen Wesen wurde uns immer wieder gesagt, was wir alles falsch machen. Nicht, weil unsere Eltern und Bezugspersonen uns nicht liebten – sie lieben uns (selbst wenn sie sich noch so streng oder verständnislos benommen haben). Sie sagten uns unsere Fehler, weil sie uns helfen wollten und glaubten, wenn wir lernen könnten, alles richtig zu machen, dann hätten wir ein erfolgreiches, leichtes Leben. Eines, das sie sich vielleicht selbst gewünscht hätten, aber nicht erreichen konnten.

Jeder macht es, so gut er gerade kann, auch Eltern und Großeltern, Lehrer und andere Bezugspersonen. Im Nachhinein sind alle schlauer. Wenn Sie also können und mögen, dann verzeihen Sie es ihnen einfach. Vielleicht genau jetzt. Das tut uns nämlich selber gut.

Wie dem auch sei: Oft hatte unsere Erziehung daneben, dass wir lernten, wie man „sich benimmt", auch die Nebenwirkung, dass ein Teil von uns den Eindruck gewann, an uns sei offenbar jede Menge falsch – und nur sehr wenig richtig.

Kinder sind wie ein Schwamm und saugen ihre Umgebung förmlich auf. Erwachsene scheinen Halbgötter für sie zu sein, und sie passen auf wie die Luchse, um ja alles mitzukriegen – und zu üben, wie sie zu sein. Wenn Kinder spielen, dann spielen sie oft die Erwachsenen nach. Und das, ohne sie zu bewerten, sie nehmen sie einfach so, wie sie sind. So haben wir unweigerlich alle möglichen Angewohnheiten unserer Eltern angenommen, die guten wie die weniger guten, weil wir es für „erwachsen" und damit für „cool" hielten. Und erwachsen zu sein schien uns sehr erstrebenswert. Alle Kinder wollen groß sein. Alle sind stolz, wenn sie Geburtstag haben, und „schon fünf" sind. Erst viel später sind wir in der Lage, uns das anzusehen, was wir instinktiv von unseren Bezugspersonen übernommen haben, und zu entscheiden, was davon uns wirklich dienlich ist für ein erfolgreiches und glückliches Leben – und was eher nicht.

Beispiel: Peter
„Mein Vater hatte immer eine hohe ethische Einstellung. Zum Beispiel war es für ihn absolut selbstverständlich, dass er zu seinem Wort steht. Oder dass er alles gibt und auf sich nimmt, um die Familie zu ernähren. Diese Einstellung habe ich komplett übernommen. Einerseits bin ich stolz darauf, denn auf mich kann man sich wirklich verlassen;

anderseits muss ich manchmal aufpassen, dass ich mir selbst nicht zu viel zumute. Denn nur um diesem inneren Wert gerecht zu werden, neige ich manchmal dazu, notfalls über meine eigene Leiche zu gehen."

Beispiel: Pia

„*Meine Mutter sagte immer: Wenn man etwas wirklich will, dann schafft man es auch. Das hat mir immer den Mut gegeben, meinen Weg zu gehen, auch wenn damit ungewöhnliche Entscheidungen und Herausforderungen verbunden waren. Ich bin sehr froh über dieses geistige 'Erbe' von ihr.*"

Uns ist meist gar nicht bewusst, wie viel wir uns als Kind von den Erwachsenen abgeschaut haben. Oft sind es nur Kleinigkeiten, eine Meinung über etwas, ein Hobby, die Automarke. Manchmal sind es aber auch entscheidendere Dinge, wie z. B. die Berufswahl, unsere Art, uns im Leben durchzusetzen, mit fremden Menschen umzugehen oder die Kommunikation innerhalb der Partnerschaft. Hat unser Vater vielleicht neben all seinen vielen positiven Beiträgen innerhalb der Familie häufig durch (beruflich bedingte) Abwesenheit geglänzt, so kann es sein, dass wir das heute auch tun und selten zuhause sind. Hat die Mutter eventuell oft gejammert, um sich Unterstützung oder wenigstens Aufmerksamkeit von anderen zu sichern, so kann es sein, dass wir das, wenn es uns schlecht geht, heute genauso machen. Wurde zuhause vielleicht über arrogante (selbstbewusste) Menschen hergezogen, treten wir vielleicht heute noch lieber bescheiden auf und stellen unser Licht sogar vor uns selbst unter den Scheffel. Hat uns unsere Oma vor Fremden immer gewarnt, so kann es sein, dass wir heute noch sehr zurückhaltend im Erstkontakt sind – oder, oder, oder.

Beispiel: Sabine

„*Meine Mutter hat, wenn sie sich über etwas geärgert hat, es nie direkt angesprochen. Sie hat geschmollt, manchmal länger nicht mit demjenigen gesprochen und sich bei anderen über ihn beschwert. Ich habe leider bemerkt, dass ich das in bestimmten Bereichen auch so mache.*"

Beispiel: Max

„Mein Vater ist, wenn er sich nicht respektiert gefühlt hat, immer sehr schnell laut geworden. Manchmal hat er so geschrien, dass die Nachbarn vermutlich jedes Wort verstanden haben. Mir ist es wirklich unangenehm zuzugeben, dass auch ich spontan, wenn ich mich angegriffen fühle, schnell laut werde."

ÜBUNG: MEINE PRÄGUNGEN ERKENNEN

Natürlich haben solche Prägungen auch Auswirkung auf unsere Art, wie wir auf andere zugehen und wie wir uns präsentieren, wenn wir neue Menschen kennenlernen. Wenn Sie Lust haben, können Sie aus dieser Betrachtungsweise heraus mal Ihre Herkunftsfamilie ansehen. Welche *positiven* Aspekte, Meinungen, Verhaltensweisen bezüglich Kommunikation und Auftreten im Erstkontakt haben Sie von Ihrem Vater abgeschaut? Welche von Ihrer Mutter?

Vater: _____

_____

Mutter: _____

_____

Und welche aus heutiger Sicht einengenden, blockierenden Verhaltensweisen, Angewohnheiten oder Äußerungen haben Sie von Ihren Eltern übernommen?

Vater: _____

_____

Mutter: _____

_____

Übrigens: Wenn wir uns solche Fragen stellen, geht es nicht um Schuld, sondern nur um ein besseres Verständnis für uns selbst. Und um die

Möglichkeit, uns von übernommenen Gedanken, Gefühlen und Verhaltensweisen frei zu machen, wenn sie uns heute nicht mehr dienlich sind.

Nehmen Sie sich bitte noch einmal kurz Ihre „Negativliste" vor, falls Sie sie gemacht haben. Wenn Sie sich die nun noch mal ansehen, dann tun Sie das bitte mit dem Herzen und mit viel Verständnis für sich selbst und die Umstände, die dazu geführt haben, dass Sie diese oder jene Eigenheit entwickelt haben. Oder ist es vielleicht nur eine Meinung über sich ohne sachliche Grundlage? Vielleicht fällt Ihnen ja jetzt auf, dass Sie etwas auf der Liste, was Ihnen das Leben schwer macht, nur von Ihren Eltern übernommen haben. Oder ist auf Ihrer Liste etwas dabei, das es Ihnen *wirklich* unmöglich macht, sich selbst zu mögen? Jetzt mal ehrlich! Sind es vielleicht einfach menschliche Schwächen, die jeder auf seine Weise hat? Oder andersherum gefragt: Wäre es für Sie möglich, jemanden, der diese Eigenschaften hat (und darunter heimlich leidet wie Sie), ansonsten aber ein sehr sympathischer Mitmensch ist, trotzdem zu mögen?

„I love myself!" – Lieben Sie sich mit all Ihren Fehlern!

Negativaspekte in konstruktive Ziele verwandeln

Wenn Sie sich nun selbst aufgrund der „Negativliste" eine Kritik im Sinne einer freundlichen Anregung zur Verbesserung geben möchten, dann fragen Sie sich zunächst, ob es eine konstruktive Kritik ist. Sie ist dann konstruktiv, wenn wir eine echte Chance haben, daran etwas zu ändern, und diese Änderung uns selbst gut tun würde. Falls nicht, ist die Kritik einfach gemein und beleidigend. Hat jemand z. B. eine sehr große Nase, dann ist es gemein, ihm das als Kritik zu sagen, denn er hat nun mal diese Nase. Und wie wir an Schauspielern und anderen Berühmtheiten sehen können, ist es durchaus möglich, auch mit einer großen Nase erfolgreich und beliebt zu sein.

Eine konstruktive Kritik hat ein positives Ziel, das sinnvoll und machbar ist. Nehmen Sie also Ihre Negativpunkte und prüfen Sie, ob sie wirklich so schrecklich sind, dass Sie Energie darauf verwenden möchten, einige davon zu ändern. Denn es kostet sehr viel Energie, etwas Eingefahrenes zu ändern. Ist es das wirklich wert? Oder ist es nicht einfach – vielleicht mit ein bisschen Humor – auch denkbar, einfach so zu bleiben und lediglich zu lernen, sich zu akzeptieren, so, wie Sie eben sind?

Menschen, die beliebt sind, haben keineswegs nur positive Seiten. Aber sie haben meist eine sympathische, harmonische Ausstrahlung. Am einfachsten wäre es also, Sie könnten üben, sich so zu mögen, wie Sie sind. Dann haben Sie Ihre ganze Energie frei für die Dinge, die Sie wirklich wollen.

Veränderungen gezielt herbeiführen

Wenn es Ihnen wirklich ein Herzensanliegen ist, die eine oder andere nicht taugliche Angewohnheit zu korrigieren, dann können Sie nach und nach auf diese Weise auch wirklich etwas ändern. Allerdings nicht, wenn Sie 317 Dinge an sich nicht mögen! Das überfordert und demoralisiert uns so sehr, dass wir rein gar nichts mehr auf die Reihe kriegen. Und auch nichts in Angriff nehmen. Genau durch diese Art der inneren, scharfen Kritik sind wir dann nämlich im ersten Eindruck verkrampft. Also bleiben Sie bitte fair sich selbst gegenüber.

ÜBUNG: SCHRITTWEISE AN SICH ARBEITEN

Entscheiden Sie sich zunächst für *einen* Kritikpunkt von Ihrer Liste, den Sie glauben, unbedingt ändern zu müssen, um zur Spezies der liebenswerten und erfolgreichen Menschen gehören zu können. Nehmen Sie nicht gleich den allerschwierigsten! Für den Anfang tut es ein leichter Schwierigkeitsgrad. Ihr Vorhaben sollte realisierbar sein und keine Utopie darstellen. Ab sofort konzentrieren Sie sich mit Ihren Bemühungen darauf, diese Angewohnheit zu verändern, und bauen langsam so lange Ihr Verhalten um, bis es zur neuen Gewohnheit geworden ist. Erst dann üben Sie den nächsten Punkt. Holen Sie sich eventuell auch bei schwierigen oder hartnäckigen Themen professionelle Hilfe dazu, wie etwa einen Kurs in der Volkshochschule oder ein gezieltes Coaching, z. B. mit NLP.

Wenn wir ständig an unser Problem denken und daran, wann es immer in der Vergangenheit auftrat, an die Hintergründe, die Mitwirkenden oder Schuldigen, an die Konsequenzen, was wir *nicht* mehr wollen, samt all den unerfreulichen „Geschichten", die damit zusammenhängen, dann ziehen wir uns damit nur runter und rauben uns die Energie, die wir für die Veränderung gut brauchen könnten. Viel effektiver ist es, sich zu überlegen, was wir stattdessen wollen, also in Lösungen zu denken und diese dann eigenverantwortlich aktiv Schritt für Schritt anzugehen. So werden unsere Vorstellungen für uns reizvoll, ermutigen und motivieren uns und werden zum Motor für Veränderung.

Tipp: Formulieren Sie Ihr Ziel immer positiv! Unser Unterbewusstsein nimmt jedes Wort wörtlich.

Optimale Zielformulierung

Positive Vorstellungsübungen helfen unserem Unterbewusstsein, sie auch umzusetzen. Unser Vorhaben sollte im ganz normalen Wahnsinn unseres Alltags natürlich auch eine echte Chance haben.

Gegen etwas („Weg-von-Formulierung") zu arbeiten ist immer schwerer, als *für* etwas („Hin-zu-Formulierung"). Wir brauchen immer ein positives Ziel. Sagen Sie also nicht: „Ich möchte nicht mehr so verkrampft sein" sondern: „Ich will mehr und mehr entspannt sein". Statt: „Ich möchte aufhören, so stumm zu sein im Erstkontakt" nehmen Sie besser „Ich beginne, in Erstkontakten zu reden!" Gehen Sie einmal Ihren Zielsatz wortwörtlich durch und untersuchen Sie, ob dabei ein negativ formulierter Begriff ist.

Dies ist deshalb so wichtig, weil unser Unterbewusstsein versucht, jedes einzelne Wort in eine Bedeutung, aber auch in ein Bild und ein Gefühl zu übersetzen und dann darauf seine ganze Energie zu geben. Manche Wörter sind nicht abbildbar, z. B. „nicht", „un-", „kein", „ohne" ... und ergeben weder Bilder, noch ein Gefühl. Diese überspringt unser Unterbewusstsein. Sagt jemand also, er möchte „nicht immer so nervös sein", dann findet sein Unterbewusstsein zunächst das Wort „nicht" und springt dann weiter – denn „nicht" ist nicht abbildbar und auch nicht fühlbar. Dann allerdings kommt „so nervös" – und dazu entwickelt unser Unterbewusstsein blitzschnell ein oder mehrere Bilder und das Gefühl der aufgeregten Körperempfindung und kombiniert dazu das „immer". Das liegt nun im unterbewussten Fokus. Da die Energie der Aufmerksamkeit folgt, lauert unser Unterbewusstsein ab sofort förmlich auf alles, was mit mehr Nervosität zu tun hat oder haben könnte. Es spürt auch die kleinsten Spannungen, alles, das mit emotionalem Unwohlsein zu tun hat, und meldet es uns. Je länger wir uns also auf negativ formulierte Sätze konzentrieren oder davon reden, umso schlechter wird es uns unweigerlich gehen.

Wir kennen alle den Satz: „Denk jetzt nicht an einen rosa Elefanten!" Sicher hätte kein Mensch vor diesem Satz an einen rosa Elefanten gedacht, doch nun, wo es ausgesprochen ist … Sie merken, wie blitzartig die innere Abbildung läuft und wie unausweichlich sie ist. Im Nachhinein können wir den Elefanten blau oder eine Maus draus machen – aber zeitgleich mit der Sprache, und sei es auch nur gedanklich, war er zunächst einmal eine Sekunde lang da. Diese Funktionsweise unseres Hirns muss bei Zielformulierungen beachtet werden, denn dann können wir sie auf sinnvolle Weise nutzen!

„Denk jetzt nicht an einen rosa Elefanten!" Sie kennen das:
Sobald ein Gedanke formuliert ist, entsteht der innere Fokus.

Wir müssen uns also auf unseren gewünschten Zielzustand konzentrieren und an diesen denken, ihn fühlen und innerlich abbilden – in Gedanken und im gesprochenen Wort. Der Nervositätskandidat könnte z. B. denken: „Ich möchte mich entspannt und ruhig fühlen." Und das dann auch fühlen. Dann kann uns unser Unterbewusstsein auf die gleiche, diesmal konstruktive Weise dabei unterstützen, dass wir mehr von dem Positiven wahrnehmen und entwickeln können. Noch effektiver und direkter fürs Unterbewusstsein ist es sogar ohne

„möchte" oder „will", z. B. so: „Ich fühle mich entspannt und ruhig."
Lassen Sie bei der Zielformulierung Worte wie „würde", „könnte",
„versuche", „sollte" oder „gebe mir Mühe" weg, denn diese vermitteln
Unsicherheit. Nehmen Sie sich ein Ziel vor, formulieren Sie es klar,
positiv, kurz, prägnant, und konzentrieren Sie sich dann mit Ihrem
Denken, Fühlen und Ihrer visuellen Vorstellungsübung (siehe unten)
darauf. Und freuen Sie sich, dass es ab jetzt jeden Tag leichter in die
richtige Richtung geht.

Wenn Sie die Wirkung schneller spüren wollen, unterlassen Sie auch
Zukunftsformulierungen wie „Ich werde ...", denn damit glaubt unser
Unterbewusstsein, dass wir es *jetzt* noch nicht haben wollen! Wählen
Sie also lieber bereits die Gegenwartsform, z. B. „Ich bin ruhig und ent-
spannt", sonst bleibt es fürs Unterbewusstsein möglicherweise immer
in der Zukunft – und wir kommen nie in den gewünschten Zustand.

BEISPIELE FÜR GUT FORMULIERTE ZIELE:

- Ich verzeihe mir meine menschlichen Schwächen und konzentriere
  mich auf meine Stärken.
- Ich kann über mich selbst freundlich lachen.
- Ich freue mich auf schöne Kontakte mit netten Menschen.
- Es ist leicht, mich sympathisch zu finden.
- Ich mag andere Menschen.
- Ich bin jeden Tag auf entspannte Art mehr ich selbst.
- Ich traue mich, andere freundlich anzusprechen.
- Ich kann Menschen im Herzen erreichen und bin jeden Tag erfolgreicher.

Vielleicht finden Sie es blöd und unglaubwürdig, so etwas Positives
zu sich selbst zu sagen oder zu denken, obwohl Sie sich gerade genau
nach dem Gegenteil fühlen. Versuchen Sie es trotzdem: „Ich fühle
mich jeden Tag entspannter und ruhiger." So eine Formulierung funktioniert für die meisten Menschen sehr gut und erlaubt auch Ihnen
einen inneren, positiven und dabei glaubwürdigen Prozess.

ÜBUNG: IHR ZIEL VISUALISIEREN

Ein Wunsch mit einem Datum wird zu einem Ziel. Ohne Datum bleibt es ein Traum. Beschreiben Sie also zunächst ganz genau, in welcher Umgebung bzw. in welchen Situationen oder in welchem Umfeld die Veränderung erfolgen soll, mit welchen Personen und bis wann genau.

- Stellen Sie sich dabei ganz genau vor, wie Sie dabei aussehen, wie Sie sich anhören, wenn Sie vielleicht auf diese neue Art etwas sagen; wie Sie sich dabei fühlen: körperlich und emotional.
- Welche Vorteile hat es für Sie, Ihr Ziel zu erreichen, ist es attraktiv für Sie? Es sollte auf jeden Fall von Ihnen selbst erreichbar sein – also kein Glücksfall wie ein Lottogewinn oder ein plötzlicher Sinneswandel eines anderen nötig sein!
- Falls Sie den Eindruck haben, es eventuell nicht alleine zu schaffen, so fragen Sie sich, welche Hilfe Sie sich wie und wo holen könnten; welche Zwischenschritte es dabei geben könnte, die Ihnen zeigen, dass Sie auf dem richtigen Weg sind.
- Fragen Sie sich, welches Engagement (finanziell, zeitlich, Disziplin, …) Ihrerseits dazu nötig ist, ob es Ihnen wert ist und wie Sie es hinbekommen können.
- Planen Sie, wie Sie mit sich umgehen, wenn es mal schwierig ist, falls der innere Schweinehund aktiv wird, was sehr wahrscheinlich ist. Fragen Sie sich, wie Sie sich selbst loben, motivieren und unterstützen, trösten und auffangen können, um weiterzumachen.
- Woran erkennen Sie, dass Sie dieses Ziel erreicht haben, welche messbaren Kriterien gibt es dafür?
- Und am Schluss überprüfen Sie gründlich, ob die Zielerreichung in irgendeinem Bereich Ihres Lebens eine negative Auswirkung haben könnte. Denken Sie den privaten Bereich ebenso durch wie den beruflichen, den gesundheitlichen, im Freundeskreis, in der Familie … und verändern Sie das Ziel entsprechend, bis es ausschließlich positive Konsequenzen hat oder genau genug definiert ist, in welchem Bereich es genau gelten soll. Zum Beispiel: Wen betrifft Ihr Ziel noch? Ist derjenige unterstützend oder könnte er dagegen arbeiten? Wie können Sie Ihr Ziel dennoch erreichen? Steht das Ziel im Widerspruch mit anderen, wichtigen Lebenszielen? Hat es irgendwelche Nachteile, an die Sie im ersten Moment nicht denken? Wenn ja, erarbeiten Sie sich eine Lösung.

Achten Sie darauf, dass Sie Ihr Ziel selbst aktiv in Angriff nehmen können! Ziele, die sich auf andere Personen beziehen, liegen außerhalb unseres Einflussbereichs und können daher nicht direkt erreicht werden, z. B. „Ich möchte, dass mein neuer Bekannter mich toll findet." Besser wäre hier: „Ich lerne, in Bezug auf mein äußeres Auftreten und meine Selbstdarstellung überzeugend zu sein."

Wenn Sie nun daran denken, müsste es ein *wirklich* gutes Gefühl sein, ein starkes, strahlendes Bild ohne Wenn und Aber! Das ist ein guter Anfang. Nun haben Sie die Wahrscheinlichkeit, Ihr Ziel zu erreichen, maximal erhöht.

Beispiel: Dani

„Ich möchte innerhalb eines halben Jahres, also bis zum ..., bei Begegnungen mit fremden, mir wichtigen Menschen – sowohl im beruflichen als auch im privaten Bereich –, selbstbewusst und freundlich auftreten und mich dabei wohlfühlen. Für mich heißt das, das ich gefühlsmäßig mit mir im Einklang bin, egal, wie es mir gerade geht oder wie ich aussehe und dass ich ein freundliches Gespräch zustande kriege.

Ich stelle mir vor, dass ich fremden Personen mit Sympathie in die Augen schauen und lachen oder lächeln kann. Ich habe dabei eine aufrechte Körperhaltung und atme gleichmäßig. Ich spüre meinen ganzen Körper als lebendigen, kraftvollen Teil von mir und weiß, dass ich mich auf ihn verlassen kann. Mir ist angenehm warm und mein Herz klopft so gleichmäßig, dass ich es nicht spüre. Wenn ich mir vorstelle, wie ich dabei aussehe, dann empfinde ich mich als natürlich und gut aussehend, nach meinem Geschmack stilvoll gekleidet und gepflegt. Ich bin froh darüber, in dieser Situation ich selbst zu sein.

Die Personen, die ich jeweils treffe, mag ich, obwohl ich sie noch gar nicht kenne. Das ist ein schönes Gefühl. Wenn ich spreche, hat meine Stimme einen ruhigen, harmonischen Klang. Ich rede deutlich und gut hörbar, nicht zu laut und nicht zu leise. Und es gelingt mir, genau das, was ich sagen möchte, in Worte zu fassen. Die anderen Personen hören mir aufmerksam zu. Sie sind interessiert an dem, was ich sage. Am freundlichen Klang ihrer Stimme oder ihren Augen erkenne ich, dass sie mich mögen.

Zuerst fange ich vor dem Spiegel zuhause an. Ich schaue mir in die Augen und sage irgendwas, so lange, bis es mir nicht mehr peinlich vorkommt. Dann übe ich mit den Menschen, mit denen ich beruflich zu tun habe, die ich zum Teil aber schon ein bisschen kenne. Um mir Unterstützung und Feedback zu holen, nehme ich ab nächster Woche bei der Volkshochschule an einem Rhetorikkurs teil. Danach übe ich, indem ich in der Fußgängerzone dreimal pro Woche jemanden anspreche und nach dem Weg oder der Uhrzeit frage. Wenn ich jemand Fremden anlächle und er zurücklächelt, werte ich das als Erfolg. Ich schreibe mir jeden Tag auf, was ich diesbezüglich geübt habe und was schon besser als gestern lief.

Ich erlaube mir Phasen, in denen es zäh vorangeht oder auch mal ein Rückschritt passiert, mache aber weiter. Wenn ich frustriert bin, weil es nicht so gut geklappt hat, wie ich mir vorgestellt habe, dann rufe ich Karin an. Mit ihr habe ich vereinbart, dass sie mich wieder aufbauen soll, egal, wie sehr ich aus meiner Sicht versagt habe. Ich belohne mich jede Woche für meine Bemühungen mit einmal Kinogehen, auch wenn ich noch nicht richtig gut war.

Die Entwicklung hat positive Einflüsse auf meinen beruflichen Erfolg. Auch gesundheitlich geht es mir besser, weil ich – je mehr ich es kann – umso weniger Stress habe. In der Familie hat es keine Auswirkungen. In der Partnerschaft könnte es zu leichter Eifersucht kommen, weil Stefan meine neue Offenheit anderen Menschen (auch Männern) gegenüber als Interesse werten könnte. Ich bespreche und kläre das mit ihm. Andere Nachteile meines Ziels gibt es nicht. Den „Preis" des Übens nehme ich in Kauf, auch den Verzicht auf meinen gewohnten und gemütlichen Rückzug nach innen.

Wenn es mir mindestens dreimal hintereinander spontan gelungen ist, mit fremden Menschen auf diese Weise in Kontakt zu treten, dann habe ich mein Ziel erreicht.

Wenn ich mir das Ziel-Bild zusammen mit dem Gefühl und dem Klang meiner Stimme vorstelle, ist das sehr schön und rund. Ja. So will ich es."

TO-DO-LISTE: ZIELERREICHUNG

- Was genau will ich erreichen? („Hin-zu-Formulierung")
- Bis wann? (Bleiben Sie realistisch!)
- Wie fühlt es sich an: wo im Körper wie?
- Wie sieht es aus: ich, der andere, die Umgebung, mein Ziel?
- Wie hört es sich an, wenn ich etwas sage?
- Wer ist dabei? Wo findet es statt?
- Wodurch kann ich mir Hilfe holen? (Fragen Sie sich konkret: wer, wo, wann, wie?)
- Welche Zwischenschritte gibt es?
- Wie kann ich mich trösten und wieder aufbauen?
- Wie kann ich mich belohnen?
- Welche Auswirkungen hat mein Plan auf mein privates, familiäres, partnerschaftliches Umfeld, auf meine Gesundheit? Muss ich meinen Plan korrigieren?
- Gibt es Nachteile, an die ich bisher nicht gedacht habe?
- Woran erkenne ich, dass ich mein Ziel erreicht habe? Woran ist das messbar?

Nun können Sie Ihr Ziel in dieser Form schriftlich festhalten und in Ihrem Alltag verbindlich einplanen. Ab sofort arbeiten Sie daran.

Sie haben sicher bemerkt, dass dies aufwändiger ist als einfach nur „einen guten Vorsatz" zu haben. Vorsätze haben ja leider keine lange Lebensdauer. Schließen Sie die Augen und stellen Sie sich immer wieder vor, wie Sie Ihr Ziel zum Zeitpunkt Ihres Wunschdatums bereits erreicht haben und wie glücklich Sie mit Ihrem neuen Verhalten sind und es mit allen Sinnen sehen, hören, fühlen, riechen und schmecken können.

Gedankliche Vorstellungen und ihre Wirkung

Vergleicht man gezielt die Menschen, die auf eine ganz selbstverständliche Weise bei anderen gut ankommen, mit denen, die damit
Probleme haben, so taucht ein interessanter Punkt auf: Die Letzteren
machen sich meist im Vorfeld viel zu viel (vor allem problematische)
Gedanken. Sie malen sich die verschiedensten Horrorszenarien aus,
was alles schiefgehen könnte. Und das sehr kreativ und mit erstaunli-
cher Hingabe.

> **Merke:** Unsere Gedanken stehen im direkten Zusammenhang mit
> unseren Gefühlen und unserem Körperempfinden. Negative Gedan-
> ken – negative Gefühle, positive Gedanken – positive Gefühle.   !

Wir Menschen sind im Grunde ganz einfach funktionierende Wesen.
Genau wie beim Selbstbewusstsein und unseren Schwächen entstehen
unsere Gefühle auch beim Ausmalen von Situationen. Unsere Gedanken
stehen immer in direktem Bezug zu unseren Gefühlen und die wiederum zu unserem Körper. Der kann kaum unterscheiden, was ein intensiv gefühlter Gedanke und was echte Realität ist. Malen wir uns also
eine schreckliche Version einer Begegnung aus, bekommen wir normalerweise auch prompt ein unangenehmes Gefühl, das sich dann auch
körperlich zuordnen lässt. Dann fühlen wir uns erst recht mies und erinnern uns in diesem Zustand an andere Begebenheiten, in denen wir uns
genauso schlecht gefühlt haben. Ein Teufelskreis beginnt.

Beispiel: Armin

*Armin arbeitet seit wenigen Monaten zu einem vorläufigen, relativ
niedrigen Einstiegsgehalt in einer großen Firma. Vereinbarungs-
gemäß steht nach Ablauf der Probezeit ein erstes Gespräch mit dem
übergeordneten Chef an, um das ab jetzt geltende Gehalt zu besprechen. Diesen hat er noch nie zu Gesicht bekommen. Armin stellt sich
die Situation immer und immer wieder vor. Ihm fallen viele unglück-*

liche Sequenzen seiner noch frischen Firmenzugehörigkeit ein. Es drängen sich Erinnerungen auf, in denen er ratlos war oder Fehler gemacht hatte. Armin schämt sich und hat zunehmend Angst vor dem Gespräch mit dem Chef. Diesen stellt er sich groß, streng und mächtig vor, unerbittlich und geradezu allwissend. Während dieser Gedanken bekommt Armin einen Klumpen im Magen. Was soll er nur sagen? Wie kann er nur einen positiven Eindruck machen und ein konstruktives Gehaltsgespräch führen? Nach ein paar Stunden ist Armin in einem so schlechten Zustand, dass er am liebsten krankmachen würde, nur um nicht zu diesem Termin gehen zu müssen. Sein Gehalt ist ihm inzwischen nahezu egal. Dass er nach der Probezeit überhaupt übernommen wurde, kommt ihm wie ein Wunder vor, das in dem Gespräch auffliegen wird.

Was sagt Ihnen Ihre Intuition: Wird Armin am nächsten Tag einen guten „Auftritt" haben? Wird sein Chef ihn für einen guten Mann halten, den es gilt mit Anerkennung und einem angemessenen Gehalt ans Unternehmen zu binden?

 Merke: Nicht unsere Fehler und Schwächen machen uns klein, sondern unsere mangelnde Selbstakzeptanz und negativen Vorstellungen.

Es müsste schon ein kleines Wunder geschehen, wenn das richtig gut funktioniert. Mit derlei negativen Gedanken im Vorfeld machen wir uns selbst klein und schwach, so wie Armin in unserem Beispiel. Wir projizieren unsere Macht und natürliche Autorität nach außen, auf das Leben, im Fall von Armin auf den Chef, und verfallen dadurch in ein Gefühl kindlicher Schwäche und Abhängigkeit. Dass das Konsequenzen auf unsere Gemütsverfassung, unser Körpergefühl und darüber letztlich auch auf unsere Außenwirkung hat, ist klar, oder?

ÜBUNG: EIN EXPERIMENT (TEIL 1)

Haben Sie Lust auf ein kleines Experiment? Dann legen Sie los!

1 a) Wählen Sie drei schlechte Eigenschaften, Schwächen oder Fehler von sich aus und notieren Sie sie:

_____

1 b) Und nun eine blöde Erinnerung, in der Sie schlecht dastanden, versagt haben, kritisiert wurden oder einen Fehler gemacht haben. Nehmen Sie die erste Situation, die Ihnen einfällt!

_____

2 a) Haben Sie's? Nun wählen Sie drei gute Eigenschaften von sich aus und notieren Sie sie. Die guten sollten mindestens genauso stark sein wie die schlechten.

_____

2 b) Und nun wählen Sie eine wirklich gute Erinnerung an eine Situation, in der Sie mit sich selbst richtig zufrieden waren – und andere Menschen vielleicht auch noch.

_____

Haben Sie alles? Dann geht's los!

Nun denken Sie an 1 a) und 1 b), also Ihre Schwächen und Fehler und an die negative Situation, in der Sie jämmerlich versagt oder sich vielleicht auch blamiert haben. Tun Sie's. Jetzt gleich. Ist ja nichts Schlimmes, wir tun es sowieso immer mal wieder. Wenn Sie sich nun richtig auf diese miese Situation einlassen und sich mit Haut und Haaren (Bilder, Gefühle, Geräusche) daran erinnern, dann bekommen Sie mit allerhöchster Wahrscheinlichkeit ein unangenehmes Gefühl. Fühlen Sie mal rein. Haben Sie's? Wo ist es bei Ihnen? Im Brustbereich? Im Bauch? Im Kopf? Allgemein? Und wie genau? Ein Druck? Eng? Hohl? Ganz anders? Und wie genau?

Beschreiben Sie es!

_____

Manche empfinden eine allgemeine Anspannung im gesamten Körper. Andere einen Kloß im Hals. Wieder andere einen Druck im Magen, manche fühlen sich ein bisschen nervös oder niedergeschlagen usw. Was ist es bei Ihnen? Und auf einer Skala von 0 bis 10, wie hoch ist nun Ihr Selbstwertgefühl? Antworten Sie für sich selbst!

Vermutlich ist es momentan im eher unteren Bereich. Achten Sie auch mal ganz detailliert auf Ihre Körperhaltung: Haben Sie während dieser unerfreulichen Erinnerung eine aufrechte Haltung eingenommen oder lassen Sie eher die Schultern und vielleicht auch den Kopf ein ganz kleines bisschen hängen? Dies gehört praktisch zum niedrigen Selbstwertgefühl wie der Topf zum Deckel. Vielleicht haben Sie die Luft angehalten oder die Rückenmuskeln angespannt? Wohin blicken Ihre Augen, wenn Sie an diese negative Erinnerung denken, nach unten, nach oben, zur Seite? Wie ist Ihr Atem? Beobachten Sie mal ganz genau, welche gesamte Körperhaltung Sie haben, wenn es Ihnen so mies geht wie bei dieser Erinnerung.

So geht das, wenn man sich selbst runterziehen will. Ganz einfach, stimmt's? Aber wer will das eigentlich? Im Grunde niemand. Und doch machen wir es. Wir denken ausgiebig an negative Erlebnisse und wundern uns dann, dass wir uns schlecht und immer schlechter fühlen.

 Tipp: Wenn Sie das nächste Mal bemerken, dass Sie sich auf etwas Negatives konzentrieren und sich selber runterziehen, dann sagen Sie einfach: Stopp!

Die gute Nachricht: Gefahr erkannt, Gefahr gebannt! Wenn Sie merken, dass Ihre Gedanken um etwas Unerfreuliches kreisen, sozusagen um Ihr Anti-Ziel, dann sagen Sie innerlich: Stopp! Und freuen Sie sich: Sie haben's gemerkt! Das ist der erste Sieg und der wichtigste Schritt, etwas zu ändern.

ÜBUNG: EIN EXPERIMENT (TEIL 2)

Konzentrieren Sie sich nun einen Moment auf 2 a): drei richtig gute Eigenschaften von sich, und 2 b): mindestens eine wirklich tolle Erinnerung an einen Erfolg oder einen Moment, in dem Sie ganz und gar Sie selbst und glücklich waren. Lassen Sie sich ruhig Zeit dafür, bis Sie es genauso intensiv sehen und fühlen können wie vorhin bei Teil 1. Wie fühlen Sie sich jetzt?

Haben Sie's? Das hat nicht nur Wirkung nach außen, sondern auch nach innen. Spüren Sie's? Schon geht es Ihnen ein bisschen besser.

Experimentieren Sie doch ein bisschen weiter: Als Nächstes stehen Sie auf – wenn das gerade möglich ist – und gehen ein paar Schritte. Oder wenn das nicht geht (z. B. in einem Meeting kurz vor „Ihrer" wichtigen Begegnung), ändern Sie Ihre Position und Körperhaltung. Nehmen Sie eine aufrechte Körperhaltung ein, atmen Sie tief durch, denken Sie absichtlich an ein paar Ihrer besten Eigenschaften und an einen Moment, in dem Sie gerade stark und gut drauf waren, denken Sie an Menschen, die gut über Sie denken, lächeln Sie in sich hinein und setzen Sie ein selbstbewusstes Gesicht auf – das selbstbewussteste, das Sie haben. Als wären Sie – als geborener Siegertyp – gerade in Ihrer absolut besten Form.

Tun Sie's doch gleich mal! Es ist genauso einfach wie andersherum. Jetzt! Das gehört ab sofort zu Ihrer ganz persönlichen Trickkiste, um sich wieder aufzumöbeln.

Wenn Sie diese kleinen Experimente mitgemacht haben, haben Sie wahrscheinlich bemerkt, dass Ihre Gedanken Gefühle erzeugen, auch wenn Sie sie anfangs vielleicht nur schwach wahrnehmen. Aber unsere Gefühle sind, wenn sie intensiv genug sind, auch körperlich spürbar und können uns mental wie körperlich schwächen – oder im umgekehrten Fall auch extrem stärken. Alles hängt irgendwie zusammen:

Unsere Gedanken, die Gefühle und der Körper. Und das Beste: Wir sitzen am Ruder! Es braucht nur ein bisschen Übung, um richtig hinzuspüren.

Was also tun wir, wenn wir uns auf eine wichtige Begegnung optimal vorbereiten wollen? Wir konzentrieren uns auf unsere Stärken der Positivliste. Darauf dürfen übrigens nicht nur positive Eigenschaften, sondern auch sämtliche „Errungenschaften" stehen, die wir jemals hinbekommen haben – berufliche wie private Erinnerungen. Alles, was uns mal gelungen ist und wir geschafft haben, Kleinigkeiten und Größeres und aus allen Bereichen unseres Lebens: Beruf, Freundeskreis, Familie, Partnerschaft, Gesundheit ... Auch alles, was andere Gutes über uns gesagt haben. Alles, was wir selbst an uns mögen. Diese Liste steht Ihnen dann im „Ernstfall" zur Verfügung. Es dürfen auch zwei oder drei völlig verschiedene Situationen oder Fähigkeiten sein, die wir dann gedanklich in uns aufleben lassen. Gut ist es, diese Liste immer wieder herzunehmen, zu lesen und ständig zu ergänzen. Zum Beispiel jetzt!

> Intensive Gefühle sind auch körperlich spürbar und können uns mental wie körperlich schwächen – oder umgekehrt auch extrem stärken.

Zur Vorbereitung auf eine wichtige Begegnung können wir dann diese ständig wachsende Positivliste hervorholen und uns mit Haut und Haar an diese Punkte erinnern, sie lebendig werden lassen, uns sozusagen gezielt hineinsteigern. Wie das geht?

Erinnerungen lebendig machen

In den Siebzigerjahren entstand in Kalifornien aus der Zusammenarbeit zwischen Richard Bandler (einem Psychologen) und John Grinder (einem Sprachwissenschaftler) ein interessantes Projekt. Gemeinsam beobachteten sie erfolgreiche Menschen bei der Arbeit und ihrer Kommunikation und notierten die Merkmale, die zu ihrem außergewöhnlichen Erfolg beitrugen. Im Vordergrund dieser Forschungsarbeit stand die Analyse der drei berühmtesten Therapeuten jener Zeit: dem Gestalttherapeuten Fritz Perls, der Familientherapeutin Virginia Satir und dem Hypnosetherapeuten Milton Erickson. Das Ergebnis war das sogenannte NLP, Neuro-Linguistische Programmieren, dem auch die Kriterien der positiven Zielformulierung entnommen sind.

Aus zahllosen Videoaufzeichnungen und der akribischen Analyse von allen möglichen Kriterien wie Körpersprache, Mimik, Gestik, Abstand, Lautstärke, Sprachverhalten, Inhalte usw. entstand schließlich eine Reihe von Techniken, die lehr- und lernbar sind. In den letzten vierzig Jahren hat sich NLP in Bereichen wie Persönlichkeitsentwicklung, Wirtschaft, Pädagogik und Gesundheitswesen weiterentwickelt und bietet heute eine Vielzahl von Anwendungsmöglichkeiten in allen möglichen Bereichen des Privat- und Berufslebens.

NLP: DEFINITION

Neuro-	wie wir die Welt durch unsere Sinneskanäle wahrnehmen
Linguistisches	wie wir Geschehnisse durch Sprach- und Denkmuster interpretieren
Programmieren	wie Sprache und eigenes Verhalten auf uns selbst und unsere Mitmenschen wirkt

Im NLP gibt es eine Technik, die uns hilft, ganz gezielt erwünschte Zustände, Stimmungen und Selbsteinschätzungen aufzurufen. Es wird dabei mit Erinnerungen gearbeitet, die konstruktiv waren. Diese Technik heißt „moment of excellence".

Dazu werden systematisch all unsere Sinneskanäle in einer intensiven Vorstellungsübung genutzt. Unter Sinneskanälen werden im NLP unsere fünf Sinne verstanden: Sehen, Hören, Fühlen, Riechen und

Schmecken. Jede Wahrnehmung erreicht uns über einen Mix aus diesen Sinnen. Und jede Erinnerung ist eine für uns auf ganz typische Weise abgespeicherte Wahrnehmungsmixtur, die uns später im Negativen „heimsucht" oder die wir im Positiven absichtlich wieder aufrufen können und als Kraftquelle nutzen.

Bei dieser Technik suchen wir zunächst gezielt eine Erinnerung, in der wir uns in einem positiven, geradezu idealtypischen Zustand befunden haben. Die erinnerte Situation sollte am besten gefühlsmäßig „verwandt" mit der Situation sein, auf die wir uns vorbereiten möchten. Wollen wir also z. B. unser Selbstbewusstsein für eine neue, wichtige Begegnung aufmöbeln, so finden wir in uns erst mal eine Erinnerung, in der wir uns schon mal selbstbewusst gefühlt haben – egal, mit wem und in welchem Umfeld.

ÜBUNG: POSITIVE ERFAHRUNGEN NUTZEN

Das Thema sollte absolut konkret und greifbar sein. Auf welche vor Ihnen liegende Situation möchten Sie sich vorbereiten? Und welche Fähigkeit bzw. innere Haltung möchten Sie für diese Situation in sich etablieren oder verstärken?

_____

_____

Haben Sie's? Finden Sie nun ein oder zwei gute Erinnerungen, die Ihnen bei Ihrem gewünschten Zustand als Basis dienen können, weil sie genau diese Fähigkeit oder innere Haltung repräsentierten.

_____

_____

Jetzt steigen Sie ein in diese Situation und nehmen alle Sinneseindrücke wahr, die sie hergeben.

Oder möchten wir an unserer Fähigkeit, auf Menschen zuzugehen, arbeiten, finden wir in uns eine Erinnerung, in der wir schon mal erfolgreich auf einen Menschen zugegangen sind. Je stärker und positiver die Erinnerung ist, umso leichter wird uns die Übung fallen.

Fakt ist: Wir können uns nichts wünschen, das wir nicht schon kennen. Das heißt, der gewünschte Zielzustand hat irgendwann schon einmal in uns stattgefunden. Vielleicht in abgewandelter Form, in unterschiedlichem Umfeld, mit anderen Menschen, in anderer

> Wir können uns nichts wünschen, das wir nicht schon kennen.

Färbung, aber wir wissen genau, wie es sich anfühlen sollte, weil wir es schon einmal hatten. Darauf baut diese Technik auf. Möchten Sie es gleich mal ausprobieren?

Beispiel: Vera

„Es geht um ein vor mir liegendes, erstes Treffen mit einer Internetbekanntschaft. Mein Idealzustand hierfür ist, dass ich bei diesem Treffen entspannt und offen bin für das, was dabei entstehen kann. Ich stelle mir dieses selbstbewusste, relaxte Gefühl vor, es ist ein warmes Gefühl, hier im Bauch und im Herz. Es strahlt irgendwie in alle Richtungen aus und ich fühle mich weich und zugleich kraftvoll. Ich kann mit anderen Menschen so sein, wie ich gerade bin. Genauso ist es gut.

Woher kenne ich dieses Gefühl, wann hatte ich das schon mal? Hm. Ja, z. B. als ich früher manchmal Nachhilfe gegeben habe. Da habe ich mich oft mit meinen „Schülern" so gefühlt. Ich war natürlich selbstbewusst, weil ich einen Alters- und Wissensvorsprung hatte. Und ich mochte meine Schützlinge schon von vornherein, selbst wenn ich sie noch nie gesehen hatte und es ein Ersttermin war. Ich fühlte mich genauso offen und herzlich und ganz locker. Ja, dieses Gefühl ist die ideale Ausgangsbasis."

Wenn eine geeignete Erinnerung gefunden ist, dann gehen wir sie Schritt für Schritt durch unsere fünf Sinneskanäle durch: erst visuell, dann auditiv, dann gefühlsmäßig, dann eventuell über das Schnuppern/Riechen und über den Geschmack.

UNSERE GESPEICHERTEN ERINNERUNGEN

Alle Erinnerungen sind über unsere damaligen Sinneswahrnehmungen gespeichert:

V (visuell)   was wir gesehen haben
A (auditiv)   was wir gehört haben
K (kinästhetisch) was wir gefühlt haben
O (olfaktorisch)   was wir gerochen haben
G (gustatorisch)   was wir geschmeckt haben

Visuell: Zunächst rufen wir wie bei einem inneren Foto oder Kinofilm alle sichtbaren Ereignisse aus dieser Situation auf: Was gab es damals zu sehen, ist es in Ihren Gedanken eher ein Film oder ein Bild? Wie groß sehen Sie es? Mit einer Art Bilderrahmen drumherum oder so, als wären Sie wieder in dieser Situation mit 360-Grad-Blickwinkel? Ist es farbig oder schwarz-weiß? Eher dunkel oder hell? Wenn farbig: welche Farben hauptsächlich? Kräftig oder eher zarte Farben? Ist es scharf oder leicht verschwommen, nah oder fern?

Sehen Sie sich von außen in der Situation oder schauen Sie aus sich heraus in die Umgebung? Sie können sich, wenn Sie Lust haben, hierzu Notizen machen. Es ist interessant, das später auszuwerten – vor allem im Vergleich mit einer negativen Erinnerung. Die sind nämlich meist in entscheidenden Punkten anders.

Auditiv: Dann geht's weiter mit den Geräuschen dieser Situation. Was hören Sie, wenn Sie sich in diese gute Erinnerung richtig einlassen? Stimmen, Geräusche, Musik, Natur? Wie nah oder fern sind diese

Geräusche? Wie laut oder leise? Hoch oder eher tief? Klar oder mit Echo, welche emotionale Qualität schwingt mit?

Kinästhetisch: Als Nächstes rufen Sie auf die gleiche Weise Ihre Gefühle aus dieser schönen Situation auf. Wie genau fühlen Sie sich, wenn Sie hier (wieder) eintauchen? Wo im Körper können Sie das spüren? Wie ist Ihr Atem? Lassen Sie sich Zeit, denn die Gefühle brauchen ein bisschen, bis sie (wieder) entstehen. Und jeder fühlt auf seine Weise. Ist es eher eng oder weit, schwer oder leicht, eine Bewegung oder mehr an einer bestimmten Stelle, eher kalt, kühl oder warm? Welche Körper- und Kopfhaltung passt genau zu diesem schönen Gefühl? Schlüpfen Sie in Gedanken noch mal richtig rein! Sie dürfen es auch noch ein bisschen verstärken, bis es richtig optimal ist. So, als gäbe es einen Knopf an der Erinnerung, an dem Sie das Gefühl intensiver oder schwächer einstellen können, genau so, wie es Ihnen heute angenehm ist.

Olfaktorisch/Gustatorisch: Gibt es einen Geruch, einen speziellen Duft dazu? Wenn die Situation in der freien Natur, einem Restaurant, einem Bürogebäude stattgefunden hat, wie hat die Luft gerochen? Oder welcher würde perfekt dazu passen, die Erinnerung vielleicht noch verbessern? Gab es etwas, was einen Geschmack erzeugt hat? Vielleicht hatten Sie ein Getränk in der Hand, etwas zu essen, oder einfach einen Bonbon im Mund? Wenn nicht, welcher Geschmack würde perfekt dazu passen?

Jetzt haben Sie diese Situation mit all Ihren Sinnen wirklich lebendig gemacht. Ihr Verstand ist damit voll beschäftigt und kommt nicht auf dumme Gedanken. Ihre bildhaften, akustischen und gefühlten Erinnerungen sind aktiviert, sodass Ihr Körper es vermutlich schon spüren kann. Anfangs ist es ein bisschen merkwürdig und man hat vielleicht Scheu, so einen „seltsamen Kram" zu machen. Ich weiß. Und doch ist es extrem effektiv, um unsere Gemütslage innerhalb kürzester Zeit gezielt zu verbessern und damit auch unsere Ausstrahlung. So holen wir uns aus einer guten Erinnerung eine Stimmung, eine Fähigkeit, eine innere Haltung ins Jetzt.

Je öfter wir diese Technik anwenden, umso besser und schneller funktioniert sie. Also geben Sie bitte nicht nach dem ersten Mal auf, denn beim ersten Mal ist es noch am schwierigsten. Sie ist perfekt vor einer wichtigen Begegnung, um sich in „Bestform" zu bringen!

> **!** **Tipp:** Wenn Sie Ihre Sinneskanäle nur eine Woche lang jeden Abend vor dem Schlafengehen und/oder morgens nach dem Aufstehen nach diesem Schema üben, werden Sie die Wirkung immer intensiver merken: Es geht leichter und schneller und gelingt Ihnen bald wie auf Knopfdruck, eine gewünschte Erinnerung ins Jetzt zu holen!

Je öfter wir üben, umso leichter wird es, und es gelingt uns bald innerhalb kürzester Zeit, eine gewünschte Stimmung, Fähigkeit und Ausstrahlung ins Jetzt zu holen. Von einem derart positiven Jetzt aus können Sie sehr kraftvoll die vor Ihnen liegende Begegnung positiv „aufladen".

Sobald Sie den gewünschten inneren Zustand spüren, stellen Sie sich einfach das vor Ihnen liegende Treffen vor, so, wie Sie es sich wünschen – und Sie mittendrin als sympathischer „Hauptdarsteller" in Höchstform. Probieren Sie doch gleich mal: Wie ist Ihre Körperhaltung und Ihr Lächeln, wenn Sie in Ihrer persönlichen Bestform sind?

Unser Gegenüber

Als Nächstes gilt es, sich die vor uns liegende Begegnung nicht nur auf konstruktive Weise vorzustellen, sondern auch all unser Wissen über die Person, deren Erwartungen, das Umfeld usw. in uns aufzurufen und in die Vorstellung zu integrieren.

Also: Was wissen wir über unser Gegenüber? Selbst wenn es nicht viel oder nicht nur Positives ist, liegt es allein an uns, wie wir über diese Person denken möchten. Kritisch, streng, ablehnend oder mit Mitgefühl, mit anerkennenden und freundschaftlichen Gedanken, auf Augenhöhe von Mensch zu Mensch? Es gibt Seminarleiter, die empfehlen ihren Teilnehmern, sich den „Angstpartner" auf dem Klo oder mit heruntergelassener Hose vorzustellen. Ich habe gehört, dass das sogar helfen soll, sich weniger vor jemandem zu fürchten. Dieses Bild soll dazu führen, dass wir jemanden von einem (von uns erschaffenen) Podest auf die Ebene des ganz normalen Menschen herunter holen. Meine Erfahrung ist allerdings, dass es am allerbesten funktioniert, wenn es uns gelingt, diesen Menschen innerlich einfach nur sympathisch zu finden. Egal, ob Sie fast nichts oder sogar nur Negatives über ihn wissen. Denken Sie daran: Es könnten Gerüchte sein. Es könnten Wertungen von jemandem sein, der eine ganz spezielle Erfahrung mit der Person gemacht hat – die mehr mit ihm selbst zu tun hatten als mit dem Menschen, den wir treffen.

> Selbst wenn wir nicht nur Positives über unser Gegenüber wissen, liegt es allein an uns, wie wir über diese Person denken möchten.

Die Kunst, sich jemanden positiv vorzustellen

Unser Gesprächspartner ist auch nur ein Mensch mit seinen Problemen. Wenn wir das Gemeinsame finden können, dann ist es leicht, sich mit ihm gefühlsmäßig zu verbünden. Dieser Mensch gibt sein Bestes. Wir auch. Dieser Mensch hat Stärken und Schwächen. Wir auch. Dieser Mensch hat schon gelacht und sicher auch geweint. Wie wir. Er hat Angst vor Krankheit, Einsamkeit und völliger Verarmung. Wie jeder Mensch. Ganz sicher hat er auch seine Probleme und Herausforderungen im Leben, auch wenn wir nichts davon wissen. Er wünscht sich Liebe und Anerkennung wie jeder von uns. Er nimmt sich Zeit für diese Begegnung – wie wir.

Unterstellen wir ihm also nichts Böses, denn das hat in erster Linie eine Wirkung auf uns selbst: Es stresst und schwächt uns nämlich! Und in zweiter Linie überträgt sich diese Anspannung auf ihn und die Begegnung. Es wirkt trennend. Und dann fühlt auch er sich nicht gut. Wer weiß, wie er dann reagiert, wenn wir ihn auf diese Weise nervös machen.

Umgekehrt ist es wesentlich förderlicher. Unterstellen wir ihm doch einfach etwas Gutes! Dann fühlen wir uns wohl. Und aufgrund dieser entspannten, positiven Grundhaltung wird auch die Begegnung konstruktiv ausfallen. Jedenfalls konstruktiver als umgekehrt. Aber stellen wir ihn uns auch nicht wieder *so* gut vor, dass wir ihn in den Himmel heben, während wir daneben abschmieren. Bilden Sie keine Hierarchien, bleiben Sie in Ihren inneren Bildern immer auf Augenhöhe, unabhängig von Positionen, Titeln und vermeintlichen Errungenschaften. Die spielen in einer echten Begegnung von Mensch zu Mensch nämlich erstaunlicherweise kaum noch eine Rolle, genau genommen sogar gar keine.

Wer sich gedanklich so verhält, als würde er den anderen mögen, der erzeugt damit eine innere Atmosphäre, in der er schon vor der Begegnung den anderen sympathischer findet. Es gibt eine Studie der Adelphi University in New York, die zeigen konnte, dass diese zunächst gespielte innere Haltung sowie das gespielte Sympathieverhalten im Moment der Begegnung in beide Richtungen eine eindeutig positive Wirkung erzeugt. Die Forscher baten Probanden, andere, nicht informierte Probanden zu behandeln, als würden sie sie mögen. Andere Probanden sollten dies nicht tun. Als die Gruppen hinterher befragt wurden, gaben die „Schauspieler" an, ihre Gesprächspartner tatsächlich gern zu haben. Auch die Gesprächspartner reagierten begeistert und brachten den „Sympathie-Schauspielern"

> Bleiben Sie in Ihren inneren Bildern immer auf Augenhöhe, unabhängig von Positionen, Titeln und vermeintlichen Errungenschaften.

deutlich mehr Zuneigung und Respekt entgegen als denjenigen, die nicht geschauspielert hatten. Kurz gesagt: Zuneigung führt zu Zuneigung, Respekt zu Respekt.

> **Tipp:** Glauben Sie keinen Gerüchten! Bilden Sie sich selbst Ihre Meinung. Und bis dahin tun Sie einfach so, als würden Sie diesen Menschen mögen – so sehr, wie Sie nur irgend können. **!**

Wir sind also so weit, dass wir uns selbst gut, selbstbewusst und aufrecht fühlen. Und uns unser Gegenüber freundlich und wohlwollend vorstellen können. Das ist schon sehr viel wert. Merken Sie, wie sich im Vorfeld die Begegnung bereits besser anfühlt?

Vorwissen durch Internetkontakt

Es ist natürlich eine spezielle Situation, wenn wir bereits jede Menge Infos voneinander haben, uns jedoch noch nie gesehen haben. Durch den vorherigen Kontakt haben wir uns bereits ein Bild und einen Eindruck voneinander gemacht, der jetzt das erste Mal mit der Realität konfrontiert wird.

Es ist wohl unnötig zu sagen, dass es Unsinn ist, im Vorfeld Dinge von sich zu behaupten, die nicht der Wahrheit entsprechen. Denn irgendwann, spätestens beim ersten Treffen, kommt ja doch die Realität ans Licht. Und schließlich veranstalten wir ja den ganzen Zirkus mit dem Ziel, uns irgendwann auch wirklich kennenzulernen – und wollen gemocht zu werden, wie wir wirklich sind. Je mehr wir geschummelt haben, umso mehr sind wir bei dem Treffen unter Stress. Und umso größer könnte auch die Desillusionierung des anderen sein. Das wissen wir eigentlich selbst. Also halten Sie sich bei Ihren Selbstbeschreibungen lieber auf sympathische Weise an die Wahrheit. Natürlich berichten wir von unseren Stärken und was wir können, wollen und uns wünschen. Aber wir machen keinen Helden aus uns.

Das Gleiche gilt für Fotos. Setzen Sie keine Fotos in die Partnerschaftsplattform, auf denen Sie zwanzig Jahre jünger sind. Diese Fotos werden beim Treffen unsere schlimmsten Konkurrenten. Sie bilden den Vergleichsrahmen, nach dem wir bewertet werden. Wie konnten wir es uns nur so schwer machen! Und wenn es schon passiert ist und Sie geschummelt haben, dann ist Ihre Ausstrahlung für das erste Date besonders wichtig. Sie könnten beim vorausgehenden Telefonat vielleicht die Erwartungen noch etwas mäßigen, indem Sie sagen, dass Sie heute besonders unausgeschlafen aussehen oder in den letzten Wochen leider etwas zugenommen haben. Dann ist der andere ein bisschen vorgewarnt, und es zählt nur noch, wie wir die Begegnung gestalten: mit harmonischem Selbstbewusstsein, unserer warmen Herzlichkeit, unserer Präsenz, unserem Lächeln und unserer Ausstrahlung. Denn mit einer tollen Ausstrahlung können wir fast alles wettmachen.

Halten Sie sich bei Ihren Selbstbeschreibungen auf sympathische Weise an die Wahrheit.

Eigene Erwartungen erkennen und transformieren

Unsere Erwartungen an den anderen – egal, ob positiv oder negativ – sind für denjenigen nicht immer angenehm. Oftmals sind sie uns selbst gar nicht bewusst, wir merken sie erst dann, wenn sie enttäuscht werden. Es ist hilfreich, sich unausgesprochene Erwartungen, Hoffnungen oder auch Ängste vorab bewusst zu machen. Denn statt diese später im Kontakt unbewusst auf den anderen zu richten, können wir sie zu uns zurücknehmen, für unsere Wünsche die volle Verantwortung übernehmen, die Begegnung dadurch wesentlich entlasten und den Kontakt vereinfachen.

Es ist nicht die Aufgabe und schon gar nicht der Lebenssinn unseres Gegenübers, uns glücklich zu machen, egal, ob es sich nun um einen Auftrag, einen Kaufvertrag, ein Kompliment, eine Arbeitsstelle oder eine Liebeserklärung handelt. Unausgesprochene Hoffnungen und

Erwartungen üben nicht nur auf uns selbst, sondern auch auf unser Gegenüber einen Druck aus, der diffus spürbar und unangenehm ist. Sehr leicht fühlt sich jemand im Laufe des Kontakts eingeengt, benutzt oder für fremde Zwecke missbraucht. Oder auch am längeren Hebel und in einer Machtposition, dann nämlich, wenn wir uns abhängig von ihm und seiner Reaktion fühlen.

> Es ist hilfreich, sich unausgesprochene Erwartungen, Hoffnungen oder auch Ängste vorab bewusst zu machen.

Doch engt es nicht nur den anderen ein, sondern auch uns selbst. Wenn wir nämlich auf etwas Bestimmtes „lauern", sind wir für alles andere nicht mehr offen und verpassen auf diese Weise oft das Beste.

Beispiel: Simone

Simone trifft sich zum ersten Mal mit Michael, mit dem sie seit kurzer Zeit per Internet schriftlichen und zuletzt auch telefonischen Kontakt hatte. Sie wünscht sich, dass sich eine Liebesbeziehung entwickelt und wartet den ganzen Abend darauf, dass er sich ihr nähert. Michael sieht gut aus und ist beruflich erfolgreich und selbstbewusst. Im Kontakt mit Simone, für die er sich sehr interessiert, ist er jedoch schüchtern, angespannt und verhält sich daher sicherheitshalber „gentlemanlike", also höflich und ohne Annäherungsversuch. Er möchte vermeiden, dass sie denkt, er wäre nur an einem One-Night-Stand interessiert. Auch Simone unternimmt nichts, das mehr Nähe erzeugt hätte. Beide bleiben auf Abstand und sind nach dem Abend unsicher und unzufrieden. Am nächsten Tag schreibt Simone an Michael, dass er ihr nicht draufgängerisch genug gewesen sei. Michael fühlt sich kritisiert und verletzt und zieht sich zurück. Schließlich hat Simone ihm kein Zeichen gegeben, dass sie seine Nähe zugelassen hätte. Er hatte es gut gemeint. Das war's mit den beiden.

Simone hatte die Erwartung, Michael möge sich eindeutig an sie heranmachen. Das hätte sie als Interesse an ihr gedeutet. Da das nicht kam, deutete sie sein Verhalten umgekehrt als Desinteresse. In Wahrheit jedoch war Michael durchaus an ihr interessiert und gerade deswegen etwas schüchtern. Trotz gegenseitigem Interesse konnte also aufgrund dieses Missverständnisses keine Nähe entstehen. Das ist schade, nicht wahr?

Unausgesprochene Hoffnungen und Erwartungen
üben auf uns selbst und auch auf unser Gegenüber Druck aus.

Wenn es darum geht, auf jemand Fremdes zuzugehen und man sich dabei schüchtern fühlt, dann hilft die Vorstellung, dass der andere vielleicht auch nur schüchtern ist, sich jedoch sehr freut, wenn jemand mit ihm auf nette Art Kontakt herstellt. Wir schenken ihm also eine Gelegenheit, sich selbst als liebenswert und interessant zu fühlen – warum sonst hätten wir ihn so herzlich angesprochen?

Es ist wirklich gut, unsere eigenen Erwartungen zu kennen. Denn dann können wir aktiv daran mitwirken, anstatt still und heimlich darauf zu warten, dass ein anderer unsere Gedanken liest. Simone hätte Michael kleine Zeichen von Offenheit geben können, z. B. ihm länger in die Augen sehen, ihn beim Nebeneinandergehen am Arm berühren, ihn zum Abschied vielleicht kurz umarmen … oder ihm auch sagen können „Ich finde es sehr schön mit dir." Vielleicht hätte das Michael ermutigt, ihr näher zu kommen. Falls nicht, hätte sie – statt ihn am nächsten Tag zu kritisieren – auch eine positive Mail schreiben können, etwa, dass sie das Treffen sehr schön gefunden habe und sich auf das nächste mit ihm sehr freue. Sicher hätte Michael dann beim nächsten Treffen den Mut gefunden, einen Schritt auf sie zuzugehen.

Je ehrlicher und dabei respektvoll und sensibel füreinander wir sind, umso leichter ist es möglich, sich zu öffnen. Wir haben nämlich nicht nur Erwartungen an den anderen, wir glauben auch zu wissen, wie die Begegnung genau auszusehen hat. So möchten wir uns vielleicht anerkannt und respektiert fühlen vom anderen. Und um dieses Gefühl zu bekommen, brauchen wir ein verbales Kompliment. Kommt dies nicht, glauben wir, der andere würde uns möglicherweise nicht genug anerkennen. In Wahrheit zeigt uns unser Gegenüber aber auf *seine* Art und Weise, dass er uns anerkennt. Nämlich, indem er uns wie gebannt zuhört und sich jedes Wort einprägt oder indem er vor lauter Respekt schüchtern ist und Tage später noch über unsere Worte nachdenkt.

> **Merke:** Unbewusste Erwartungen engen unsere Wahrnehmung und die Möglichkeit einer erfreulichen Begegnung stark ein. **!**

Erwartungen haben etwas unsichtbar Forderndes, aber sie sind etwas ganz Normales, Menschliches. Wir können sie uns wahrscheinlich nicht abgewöhnen, genauso wenig wie Hoffnungen oder Ängste. Aber wir können sie selbst in uns aufspüren und uns bewusst machen, dass wir etwas dafür tun können, damit es gut läuft – und dass wir nicht dem anderen auf Gedeih und Verderb ausgeliefert sind. Jeder spricht in seiner eigenen „Sprache". Wir sollten also sehr wachsam und offen

sein, damit wir nicht die Wahrheit des anderen durch unsere Eng-
stirnigkeit verpassen oder fehldeuten.

ÜBUNG: ERWARTUNGEN ÜBERPRÜFEN

Fragen Sie sich einmal, welche Erwartungen oder Hoffnungen Sie in
Bezug auf einen bevorstehenden Kontakt haben, wegen dem Sie vielleicht sogar dieses Buch gekauft haben. Konkret, also nicht nur „Es soll
gut werden." Das ist zu ungenau. Genau wäre: „Ich wünsche mir, dass
mein Gesprächspartner mich sympathisch findet" oder „Ich möchte,
dass er mir diese Stelle gibt."

Und im zweiten Schritt: Wodurch glaube ich zu erkennen, dass er das
tut? Sammeln Sie nun all die vielen Kleinigkeiten, die Ihnen dazu ein-
fallen.

Und im dritten Schritt: Kann ich wirklich sicher sein, dass er mich *nicht*
sympathisch findet/mir diesen Job nicht geben wird, wenn diese Zeichen *nicht* auftreten?

Durch so eine kleine Übung wird für uns selbst einiges durchsichtiger.
Wir können nie wirklich sicher sein, was im anderen vorgeht. Denn:
Jeder von uns ist ein Einzelstück. Jeder hat seine eigene Geschichte,
seine Ängste und Hoffnungen, seine eigene Art, sich auszudrücken.
Und wir wissen ja aus dem Kapitel über Ziele, dass das Verhalten des
anderen nicht in unserem direkten Einflussbereich liegt. Es ist seine
Sache, hat mit ihm zu tun.

Offen sein für den anderen

Aber wir können versuchen, schon im Vorfeld offen für das „Anderssein" dieses Einzelstücks zu sein und uns dadurch beiden die Chance zu geben, uns wirklich zu begegnen. Wir könnten dem anderen im Kontakt vielleicht sogar ehrlich sagen, was wir uns wünschen, und ihn fragen, wie es von seiner Seite aus aussieht, ihm dann vorbehaltlos zuhören und es notfalls aushalten, wenn die Antwort noch nicht oder nicht so ausfällt, wie wir es uns gewünscht haben. Wir könnten ihm auch unsere Bedenken oder Ängste mitteilen, anstatt zu hoffen, er möge sie erahnen und uns entsprechend behandeln. Das alles erhöht die Wahrscheinlichkeit enorm, dass wir uns verstehen und gut miteinander umgehen lernen. Wenn es auch nicht bedeutet, dass wir immer zu 100 % bekommen werden, was wir wollen.

> **Tipp:** Das Miteinander wird einfacher und klarer, wenn wir den Mut haben, ehrlich zu sagen, was uns bewegt, was wir uns wünschen, wovor wir Angst haben. **!**

Aber es erfordert Mut, so offen auf den anderen zuzugehen. Denn es gibt natürlich keine Sicherheit, dass der andere in jedem Fall damit umgehen kann. Es ist ein Risiko, sich verletzlich zu zeigen. Und es kann wehtun, wenn unser Gegenüber das nicht annehmen kann, dieses Angebot von Nähe und Ehrlichkeit in diesem Moment vielleicht sogar ablehnt oder sich über uns erhebt. Weil es ihn gerade überfordert. Oder er grundsätzlich mit unserer Weichheit nichts anfangen kann, weil er es nie gelernt hat – wer weiß. Oder umgekehrt, dass der andere mit unserem Wunsch nach Abstand oder etwas mehr Zeit vielleicht nichts anfangen kann und gekränkt ist.

Ehrlichkeit ist immer ein Risiko. Und davor haben wir alle eine Riesenangst! So unterschiedlich wir auch sind: Wenn wir wirklich ehrlich mit uns sind, dann wünschen wir uns alle Verständnis, Anerkennung,

Freiraum, uns auszudrücken, emotionale Sicherheit und Liebe – und fürchten uns vor Ablehnung und Druck. Und deswegen sind wir oft nicht einfach geradeheraus, offen und ehrlich. Aber es lohnt sich durchaus, wenn wir anfangen, mehr und mehr unser Herz auf der Zunge zu tragen. Denn ein großer Teil von schmerzhaften Emotionen zwischen uns Menschen entsteht völlig unnötig ausschließlich aufgrund von Missverständnissen, weil wir nicht klipp und klar sagen, was wir uns wünschen.

Es erfordert Mut, offen auf den anderen zuzugehen. Doch gerade diese Ehrlichkeit im Miteinander kann eine ungeheure Nähe zwischen uns erzeugen.

Wenn wir uns vor einer Begegnung vorstellen können, ehrlich und offen zu sein, dann ist die Wahrscheinlichkeit viel höher, dass wir es im Kontakt auch wirklich sind. Und gerade diese Ehrlichkeit, mit der wir uns verletzlich machen, kann eine ungeheure Nähe und Intensität zwischen uns erzeugen. Wenn der andere dieses Geschenk von uns annehmen kann und seinerseits mit Offenheit reagiert, dann findet etwas Besonderes statt. Die Magie, die durch eine Begegnung zweier Menschen auf Seelenebene entstehen kann, ist das Risiko wert. Es gibt nichts Schöneres.

> **Tipp:** Damit unsere Ängste keine Eigendynamik entwickeln, ist es hilfreich, sie sich bewusst zu machen. Dann können wir den Druck herausnehmen und aktiv zum Gelingen des Kontakts beitragen.

Mit Ängsten verhält es sich genauso wie mit unausgesprochenen Hoffnungen. Wer Angst hat, dem anderen nicht zu gefallen, wird besonders auf Zeichen achten, die genau darauf schließen lassen. Erinnern Sie sich an die Funktionsweise unseres Unterbewusstseins, jeden häufig gedachten Gedanken im Alltag besonders zu beachten? Wir neigen dann nicht nur dazu, alles Mögliche falsch zu deuten, wir benehmen uns selbst so angespannt, dass unser Gegenüber sei-

Weil wir sehr stark an etwas glauben, tritt es ein – indem wir uns selbst (unbewusst) dementsprechend benehmen.

nerseits davon ausgehen muss, dass wir nicht für ihn offen sind. In der Psychologie gibt es dafür einen Ausdruck: Selffulfilling Prophecy, eine selbsterfüllende Prophezeiung: Weil wir sehr stark an etwas glauben oder weil wir uns vor etwas fürchten, tritt es ein – indem wir uns selbst (unbewusst) dementsprechend benehmen, es heraufbeschwören oder auch versehentlich entsprechend deuten.

Auch in diesem Punkt ist es hilfreich, wenn wir uns unsere Ängste vor dem Treffen bewusst machen. Nur dann können wir gezielt dazu beitragen, dass es anders wird – nämlich gut.

Möchten Sie Ihre Ängste durchschauen, etwas entspannen oder ganz auflösen? Dann machen Sie diese Übung!

ÜBUNG: KEINE ANGST! (TEIL 1)

Fragen Sie sich doch mal: Wovor habe ich bei diesem Treffen die meiste Angst? Denken Sie die Situation mal ganz kühl und sachlich durch. Lassen Sie auch seltsame Ideen gelten, die Ihnen nach dieser Frage vielleicht durch den Kopf schießen. Also: Was könnte im schlimmsten Fall passieren?

_____

_____

Nun überlegen Sie: Wie realistisch ist diese Angst? Jetzt mal ehrlich! Und wie wahrscheinlich ist Ihr Weiterleben dadurch ernsthaft bedroht? Auch ehrlich! Die meisten unserer Ängste sind Phantasien, die nur wenig Alltagsrelevanz haben – und hören mitten in der Vorstellung des persönlichen schlimmsten Fiaskos auf – auf dem Höhepunkt des Horrors. So, als würde es dann für immer so maximal schrecklich bleiben.

_____

_____

Wie wahrscheinlich ist es, dass die Begegnung wirklich so schlimm abläuft? Seien Sie ehrlich mit sich! Was meinen Sie? Wie viel Prozent? Und wenn dieses Horrorszenario wirklich eintreten würde, zu wie viel Prozent wäre es möglich, dass wir es trotzdem überleben, eine Alternative finden werden? Beantworten Sie sich einfach mal ganz ruhig und ehrlich diese Fragen.

_____

_____

Vielleicht spüren Sie schon jetzt, dass dieses Bewusstmachen unserer schlimmsten Befürchtungen uns erstaunlicherweise eher stark macht und entspannt. Ja, es könnte blöd ausgehen. Aber nein: Wir werden daran nicht sterben, und es bedeutet auch nicht endgültige Aus aller Glücks! Diese Erkenntnis ist wichtig für unser Unterbewusstsein. Denn unser Unterbewusstsein glaubt, wenn wir Angst haben, oft wirklich, dass es ums nackte Überleben geht. Und deswegen reagiert es mit Herzrasen, flachem Atem, Blackout usw.

ÜBUNG: KEINE ANGST! (TEIL 2)

Überlegen Sie nun ganz sachlich und aus sicherer Distanz einmal kurz, wie Sie reagieren könnten, falls der unwahrscheinliche Fall eintritt und es wirklich schlimm kommt. Was könnten Sie sagen oder tun?

Haben Sie's? Nun sind Sie vorbereitet.

Nach dieser kleinen, harmlosen Übung weiß unser Unterbewusstsein: Ich werde überleben und weiß, was ich im schlimmsten Fall tun kann! Und weil es das weiß, gerät es mit ziemlicher Sicherheit nicht in die absolute Panik. Es wird nicht ausschließlich auf die wenigen Reflexe unseres Stammhirns zurückgreifen (Angriff, Flucht, Totstellen), sondern den Zugriff auf unsere höher entwickelten Gehirnareale zulassen. Für uns bedeutet das: Wir können in der entsprechenden Situation ganz gut denken, sprechen und uns wie normale Menschen benehmen. Das ist doch richtiggehend beruhigend, oder?

Sie haben trotz allem immer noch richtige Angst vor einer bestimmten Begegnung? Dann hilft Ihnen die folgende Technik bestimmt weiter.

Die Rückwärtsmethode

Manchmal ist es leichter, eine „spannende" Situation geistig von hinten aufzurollen. Wie einen Film, den wir rückwärts abspielen lassen. Denn wenn wir den Schluss schon kennen, ist es nicht mehr so spannend. Wir sehen also uns einen Happy-End-Film an, und zwar von hinten nach vorne. Diese sehr effektive Technik stammt aus dem NLP.

Bei allen Visualisierungsübungen ist es hilfreich, sich zunächst zu entspannen. Machen Sie die Übung zuhause, wenn Sie Zeit haben und ungestört sind. Legen Sie vielleicht eine schöne, ruhige Musik ein – eine, die Ihnen gute Laune macht, mit der Sie etwas Angenehmes verbinden. Gestalten Sie Ihr Umfeld so, dass Sie sich wohlfühlen und nicht gestört werden können, stellen Sie das Telefon leise usw.

ÜBUNG: DIE RÜCKWÄRTSMETHODE

Entspannen Sie sich erst mal ein paar Minuten. Beobachten Sie z. B. Ihren Atem, wie er kommt und geht und sich dabei die Bauchdecke leicht bewegt. Während einer Entspannungsübung gibt es grundsätzlich kein „Richtig" oder „Falsch" – es geht einfach darum, das, was ist, freundlich zu beobachten. Es ist also kinderleicht, solange Sie nicht versuchen, etwas an Ihrem Zustand zu ändern.

Spüren Sie Ihren Körper von innen, machen Sie einen kurzen geistigen Freundschaftsbesuch bei Ihren Füßen, Ihren Beinen, Ihrem Hinterteil, Ihrem Rücken, dem Bauch, Ihren Schultern und dem Kopf.

Wenn Sie spüren, dass von ganz alleine der normale Alltagsstress ein bisschen nachgelassen hat und Sie locker geworden sind, dann können Sie mit der Übung anfangen.

Drehen Sie nun also Ihren „Rückwärtsfilm": Zuerst sehen, hören und fühlen Sie in Ihrer Vorstellung, wie Sie *nach* dieser Begegnung wieder zuhause sind und glücklich, weil alles so erstaunlich gut gelaufen ist. Das ist wichtig!

Als Nächstes stellen Sie sich vor, wie Sie gerade auf dem Heimweg von diesem Treffen sind. Dann, wie Sie sich am Ende der Begegnung verabschieden und offensichtlich beide erfreut sind über den herzlichen und konstruktiven Ausgang dieses Kontakts. Dann die Begegnung selbst, wie sie leicht und von beiden Seiten wohlwollend gestaltet wird. Und dann den Beginn der Begegnung, wie vielleicht beide noch etwas scheu und zurückhaltend wirkten. Schließlich, wie Sie *vor* dem Treffen auf dem Weg dorthin sind, mit leichter, aber fast angenehmer Nervosität, oder sagen wir: in freudiger Erregung! Und zuletzt, wie Sie vorher zuhause sind und sich langsam startklar machen.

Mit der Rückwärtsmethode gelingt es den meisten Menschen, eine ehemals angstbesetzte Situation positiv zu durchdenken und mit den entsprechenden Wunschgefühlen aufzuladen. Ich empfehle Ihnen, die ganze Sequenz geistig zunächst ein paar Mal auf optimale Weise von hinten nach vorne durchzuspielen: mit allem, was Sie dazu wissen, sehen, fühlen, hören, riechen und vielleicht sogar schmecken könnten. Und wenn das dann gut geht und Sie sich dabei ruhig und selbstbewusst fühlen, dann noch ein paar Mal in der richtigen Reihenfolge von vorne nach hinten. Nun hat es unser Unterbewusstsein „gefressen" und wird uns, wenn die Situation da ist, entsprechend unterstützen.

Wenn Sie den Ort bzw. Raum kennen, in dem das Treffen stattfindet, können Sie auch die Umgebung mit all ihren Facetten in die Vorstellung mit einbeziehen – angefangen von den sichtbaren Faktoren über die Geräusche oder Hintergrundgeräusche, die Stimmen, Ihre angenehmen Gefühle und Körperwahrnehmung, Ihre eigene Kleidung, Ihre Körperhaltung und Stimme, bis hin zu eventuell vorstellbaren Gerüchen oder Düften, z. B. in einem Restaurant oder der Natur, je nachdem, wo das Treffen stattfindet.

> Mit der Rückwärtsmethode gelingt es, eine ehemals angstbesetzte Situation positiv zu durchdenken.

Je umfangreicher Sie Ihre ganzen Sinne in diese Vorstellungsübung mit einbeziehen, umso glaubwürdiger empfindet es unser Körper und reagiert dementsprechend mit Ausgeglichenheit und Vorfreude – eine wirklich gute Voraussetzung, um einen guten Eindruck zu machen!

Beispiel: Armin

Denken Sie noch einmal an Armin, den wir auf S. 37 kennengelernt haben. Er muss mit dem Chef, den er noch nie zu Gesicht bekommen hat, sein Gehalt nach Ablauf der Probezeit aushandeln, und hat große Angst davor. Was könnte er nun tun, wenn er merkt, dass ihm Negativgedanken auf den Magen schlagen?

Armin sagt innerlich „Stopp!" Er hat bemerkt, dass er einen Negativkreis begonnen hat und entscheidet sich, diesen nun zu durchbrechen. Er steht auf, öffnet das Fenster, atmet tief durch und holt gezielt Erinnerungen hoch, in denen er gute Arbeit geleistet hat. Er erinnert sich an ein Lob seines Fachvorgesetzten, an freundliche Kontakte zu den neuen Kollegen und daran, dass er eine Verbesserungsidee umsetzen konnte. Seinen Chef stellt er sich nun freundlich, kompetent und menschlich vor. Er mag ihn – unbekannterweise.

Während dieser Vorstellung nimmt er absichtlich eine aufrechte Körperhaltung und ein freundliches Lächeln ein, weil er weiß, dass er sich auf diese Weise selbstbewusster fühlen kann und ihm bessere Ideen kommen. Nun lässt er sich Zeit, innerlich genau das Gehalt zu finden, das er gern möchte (nicht zu hoch, um bei dem Gedanken daran nicht angespannt zu werden – und nicht zu niedrig, um sich nicht unter Wert zu fühlen – eben genau richtig). Dann spielt er im Geiste die Gehaltsverhandlung durch, zunächst rückwärts – mit Bildern, Geräuschen und seinen guten Gefühlen. Mit seinen sympathisch und selbstbewusst vorgetragenen Argumenten. Am Ende klappt es auch vorwärts.

Nun ist es gut. Armin fühlt sich ruhig und guter Dinge. Die Begegnung kann kommen. Er wird ganz er selbst sein und sein Bestes geben. Der Rest wird sich zeigen.

Die Schnittmenge der Wünsche

Um was geht es eigentlich? Was ist das Ziel dieser Begegnung? Unser Wunschziel? Was könnte sich der andere von uns wünschen? Was könnte der gemeinsame Nenner sein? Stellen Sie sich bitte keine Auseinandersetzung vor, keinen Streit, keine Niederlage oder sonstigen peinlichen Horrorgeschichten. Wir könnten uns von Herzen wünschen, dass der Termin für beide erfreulich wird und dass wir auch noch so versteckte Gemeinsamkeiten und Übereinstimmungen erkennen können.

Wie hätten Sie's denn gern? Wenn Sie die Übungen aus dem Kapitel „Optimale Zielformulierung" auf S. 30 noch nicht gemacht haben, dann tun Sie es bitte ... jetzt!

Viele Menschen lassen einen Termin voller Nervosität hilflos auf sich zukommen, anstatt mit sich vorher die eigene, innere gewünschte Richtung zu klären oder sich zu überlegen, was im Gegenzug der andere von uns wollen könnte. Sie stolpern sogar in die wichtigsten Begegnungen hinein, ohne sich vorher bewusst zu machen, was die Schnittmenge der jeweiligen Wunschvorstellungen sein könnte. Sie machen sich vielleicht in negativer Hinsicht stundenlange Gedanken und Sorgen, was der andere wollen, denken und sagen könnte, was passieren und wie es ausgehen könnte. Aber sie vergessen ganz, den eigenen Part im Positiven zu planen und die Gemeinsamkeit konstruktiv im Fokus zu halten. Dabei ist die eigene Seite und unser Teil der Schnittmenge das Einzige, worüber wir wirklich Macht haben. Also: Was genau möchten Sie erreichen in dieser Begegnung und was könnte die Schnittmenge sein, von der Sie beide einen Vorteil haben und gewinnen können?

Wer sein Ziel und seine Herzenswünsche kennt, kann auf dem Weg dorthin jede noch so kleine Möglichkeit erkennen, die ihm weiterhilft, und diese dann spontan nutzen, weil wir durch diese vorherige Klarheit unser Unterbewusstsein mit ins Boot holen und uns von ihm unterstützen lassen können. Wer nicht darüber nachgedacht hat, der überlässt es dem anderen, wo die Reise hingeht, und verschenkt seine Hälfte der Mitwirkung.

Es ist längst bewiesen, dass diese Art der inneren Vorbereitung eine erstaunlich hohe Wirkung hat. Im Profisportbereich z. B. nennt man es Mentaltraining und setzt es ganz gezielt ein. Das Gute daran ist auch: Wir können es ganz alleine tun. Gemütlich, auf der Couch oder beim Spazierengehen – wie es Ihnen leichter fällt. Tun Sie's doch gleich mal! Jetzt.

ÜBUNG: DER GEMEINSAME NENNER

Was ist Ihr Ziel, was sind Ihre Ziele oder Wünsche für diese
Begegnung? Ganz konkret!

_____

_____

Was ist das Ziel, der Wunsch Ihres Gesprächspartners?
Kennen Sie es schon oder möchten Sie es im Termin herausfinden?

_____

_____

Welche Gemeinsamkeiten und Vorteile ergeben sich für Sie beide
daraus?

_____

_____

Nehmen Sie ein Blatt Papier und klären Sie die folgenden Fragen.
Nehmen Sie sich genügend Zeit dafür!

• Was weiß ich vom anderen?
• Was mag ich an ihm?
• Welche Aufgaben hat er, welches Ziel könnte er haben?
• Was weiß er von mir? Welche Infos hab ich ihm im Vorfeld vermit-
  telt (telefonisch, schriftlich, per E-Mail oder Chat)?
• Welche Infos möchte ich ihm noch geben?
• Welchen Nutzen, welche Unterstützung könnte ich ihm/ihr bieten,
  wie ihm/ihr entgegenkommen?
• Was genau möchte ich für mich bei der Begegnung erreichen?
  Was wünsche ich mir?
• Was kann ich dafür tun – vor und in der Begegnung?
• Was könnte der andere für mich tun?
• Wie könnte es im besten Sinne für uns beide ausgehen?
• Was sehe, höre, fühle ich – von rückwärts aufgerollt?
• Und von vorwärts?

So. Gedanklich haben wir mit diesen Übungen das Beste für uns und die Begegnung getan. Nun werden wir in unseren Vorbereitungen konkreter: Wir planen unseren „äußeren Auftritt".

Sympathisch wirken

Ja, „das Auge isst mit". Auch wenn es nicht allein entscheidend ist, so ist ein attraktives Äußeres sicher kein Schaden, wenn es um den ersten Eindruck geht. Aber keine Sorge: Um gut anzukommen, müssen Sie kein Model sein.

Was sieht unser Gegenüber als Erstes von uns? Von weitem unsere Gestalt, die Kleidung, unsere Körperhaltung, dann unser Gesicht und den Gesichtsausdruck. Dinge, die sind, wie sie sind – und Dinge, die wir zum Teil beeinflussen können. So können wir bewusst unsere Kleidung wählen und ein freundliches Gesicht machen.

Aber wie sinnvoll ist es, sich z. B. für ein erstes Kennenlerntreffen zu „verkleiden"? Egal, ob es sich nun um einen beruflichen Termin oder einen privaten handelt: Wir möchten sicherlich so authentisch, also so echt wie möglich rüberkommen. Denn nur dann hat die Basis, die dadurch entsteht, eine Wahrheit, die beiden auf Dauer guttut und Freude macht. Denn einmal verstellt bedeutet möglicherweise, die Verkleidung auf Dauer fortführen zu müssen, was sehr anstrengend sein kann. Trotzdem haben wir innerhalb unserer „Wahrheit" einen gewissen Spielraum, der es uns erlaubt, uns auf den anderen einzustellen und dabei gleichzeitig wahrhaftig zu bleiben.

Die Kleiderfrage

Es gibt Leute, die fühlen sich in Jeans genauso wohl wie in einem schicken Anzug bzw. Kostüm oder auch in Abendgarderobe, in Turnschuhen genauso wie in High Heels. Es gibt auch Menschen, die identifizieren sich über nur eine einzige Art des Kleidungsstils und fühlen sich in allem anderen wie Falschgeld. Da ist natürlich der Spielraum deutlich kleiner.

Sie wissen selbst am besten, zu welchem Typ Mensch Sie gehören. Fakt ist: Sie sollten immer so zu dem Termin gehen, dass Sie sich selbst wohlfühlen. Sonst geht der Schuss nach hinten los. Wenn wir uns nicht wohlfühlen, sind wir verkrampft, fühlen uns irgendwie peinlich, und diese Verspannung strahlen wir aus. Das ist auf jeden Fall schlechter als eine gute Ausstrahlung in einer eventuell etwas weniger passenden Kleidung.

Am allerbesten ist es natürlich, einen der Situation und dem Gegenüber angemessenen Kleidungsstil zu wählen *und* sich darin wohl zu fühlen. Wer dabei unsicher ist: Lassen Sie sich beraten! Und zwar von Menschen, die die Situation und das Umfeld, in dem der Termin stattfindet, kennen – und die eine Ahnung von guter Kleidung haben, die auch zu Ihrem Stil passt. Haben wir z. B. ein Bewerbungsgespräch in einer großen Firma vor uns, so wäre einer unserer Berater in Sachen Kleidung jemand, der aus dieser Firma oder zumindest aus der Branche ist. Im Fall einer Bank oder eines Einzelhandelsgeschäfts ist es auch sinnvoll, vorher unauffällig hinzugehen und gezielt zu beobachten, wie das Personal dort gekleidet ist.

 Merke: Ähnlichkeiten schaffen Sympathie und Sicherheit. Unsere Kleidung kann auf unser Gegenüber zum Empfinden einer ersten Gemeinsamkeit beitragen.

Im Privatbereich überlegen Sie sich, welche Facette von sich Sie gerne zeigen möchten und was Ihnen als Botschaft an den anderen am wichtigsten ist: Ihr legerer, rustikaler Stil oder lieber die etwas elegantere, vielleicht sogar qualitativ hochwertige Variante? Ein bisschen figurbetont, sexy, oder lieber seriös und korrekt? Möchten Sie sich gutaussehend und schön machen, perfekt gestylt, oder lieber natürlich, sportlich und ungeschminkt auftreten? Was passt hier am besten? Denken Sie daran: Der allererste Eindruck wird diesen Kontakt sehr stark und dauerhaft prägen.

Es ist auf jeden Fall vernünftig, bei beruflichen Begegnungen wenigstens einigermaßen im Rahmen des Üblichen aufzutreten ...

Gepflegt sollte unsere Kleidung und unser Aussehen grundsätzlich sein, also frisch geduscht, Haare gewaschen und frisch gewaschene, saubere, gebügelte Kleidung. Sie lächeln nun bestimmt: Wer wüsste das nicht? Doch erfahrungsgemäß gibt es leider wirklich Menschen, die diesen Punkt sehr locker behandeln und sich wundern, wenn sie bei vielen nicht gut ankommen.

Es ist auf jeden Fall vernünftig, bei beruflichen Begegnungen wenigstens einigermaßen im Rahmen des Üblichen aufzutreten, auch wenn man im Detail durchaus persönliche Akzente setzen kann und auch sollte. Aber nur dann, wenn Sie durch die Anpassung nicht das Gefühl haben, sich komplett zum Affen zu machen. Falls das der Fall ist, ist es vermutlich nicht der richtige berufliche Bereich für Sie. Es wäre also purer Unsinn, sich in der Optik eines sympathischen Althippies mit langen Rastahaaren in einer Bank zu bewerben – das könnte eventuell schwierig werden.

Unser Aussehen

Wenn wir an einen gelungenen ersten Eindruck denken, denken wir meist auch an unser Aussehen. Was ziehen wir an, sollten wir vielleicht doch noch etwas Neues kaufen, noch mal zum Friseur gehen? Doch nicht nur die Kleidung, sondern unser Gesicht, unsere Figur steht dann oft im Mittelpunkt unserer selbstkritischen Betrachtungsweise. Ist es nicht so, dass wir glauben, je besser wir aussehen, umso besser kommen wir bei anderen an? Schlecht für uns, wenn wir nicht wie ein Model daherkommen. Zu dick? Zu dünn? Zu groß? Zu klein? Zu pickelig? Insgesamt hässlich? Ein für alle Mal Pech gehabt? Oder haben wir trotzdem eine Chance, einen super Eindruck zu hinterlassen?

Wir haben! Fakt ist sogar, dass wir einen ganz besonders bleibenden und guten Eindruck hinterlassen können, selbst wenn wir wie Quasimodo aussehen. Wir müssen nur auf ein paar Punkte achten. Vermutlich sieht unser Gesprächspartner auch nicht aus wie Brad Pitt oder Angelina Jolie und ist erleichtert, wenn er es mit einem „ganz normalen Menschen" zu tun hat. Je schöner wir sind, umso angespannter ist möglicherweise unser Gegenüber angesichts der ungleichen Verteilung von Attraktivität.

Studien zeigen, dass gut aussehende Menschen zwar gern angesehen und in gewissem Maß bewundert und begehrt werden, dass aber die wenigsten diese Personen wirklich als Partner haben möchten. Angefangen vom ständigen Konfrontiertwerden mit der eigenen Mittelmäßigkeit über die täglich auftretende Eifersucht, weil viel zu oft paarungsbereite Gegenspieler auf diesen Partner starren, bis hin zu der bangen Annahme, dass die anderen wohl denken könnten: „Was um alles in der Welt findet dieses göttliche Wesen nur an *dem* bzw. an *der*?" Im Alltag wäre das also nicht besonders entspannend und daher auch nicht wirklich erstrebenswert.

Es ist psychologisch erwiesen, dass gut aussehenden Menschen zunächst eher positive Eigenschaften unterstellt werden. Studien zeigen, dass man z. B. glaubt, dass ein hübscher Mensch einem anderen nicht absichtlich weh getan hat, während man leichter geneigt ist, einem hässlichen Menschen eine böse Absicht zu unterstellen. Oder dass ein gut aussehender Mensch in der Prüfung nur einen schlechten Tag hatte und deswegen so schlecht abgeschnitten hat – während ein Zeitgenosse mit eher undankbarem Äußeren unserer Einschätzung nach eben einfach nichts kann. Eigentlich krass, nicht wahr?

Nun kommt's: Die gleichen Ergebnisse kommen heraus, wenn man Probanden Fotos von lächelnden und nicht lächelnden Personen einschätzen lässt und nach vermuteten Eigenschaften usw. fragt. Den lächelnden unterstellt man grundweg positivere Eigenschaften, Absichten und Fähigkeiten, während man den ernst blickenden oder schlecht gelaunt wirkenden Menschen eher Negatives unterstellt, und zwar unabhängig von ihrer Attraktivität. Hier kommt unsere Chance!

Ist das nicht entspannend? Wir müssen also gar nicht so besonders gut aussehen, um einen tollen Eindruck zu machen! Es zählt schon viel, wenn wir freundlich wirken und unsere Gegenüber ab und zu von Herzen anlächeln.

Wirkliche Schönheit kommt von innen. Jeder kennt diesen Spruch. So blöd er sich anhört, umso einladender ist die Botschaft. Wer mit sich selbst einigermaßen im Frieden ist, wirkt automatisch entspannt und harmonisch – und das wiederum lässt ihn – gepaart mit einem Lächeln, aufrechter Haltung und direktem Blickkontakt –

Gutaussehenden Menschen werden oft positive Eigenschaften und Motive unterstellt – lächelnden auch!

unweigerlich sympathisch wirken. Wer sich selbst als gutaussehend empfindet, kommt übrigens bei anderen tatsächlich gut aussehend an, das belegen diverse psychologische Studien.

An unserem Aussehen können wir natürlich einiges ändern. Wir könnten mal zu einem Typberater gehen, vielleicht ins Sonnenstudio für eine leichte Bräune, ins Fitnessstudio für ein paar Muskeln an der richtigen Stelle, zu einem wirklich guten Friseur in einer Großstadt und in ein Bekleidungsgeschäft, wo man professionell beraten wird, welche Kleidung für unseren Typ und unsere Figur schmeichelnd wirkt. Das ist es, was wir für unser Aussehen innerhalb einer sehr kurzen Zeitspanne tun können. Der Rest ist, wie er ist. Nun kommt es auf unsere Ausstrahlung an – und die ist lernbar. Das heißt: Wirklich jeder von uns hat eine Chance!

Die Kontrastregel

Gut aussehen ist etwas, das nach der sogenannten Kontrastregel immer „im Vergleich mit jemandem" entsteht – und sei es nur im Vergleich mit dem Foto, das wir von uns ins Internet gestellt hatten. So können wir in Begleitung einer besonders sportlichen Freundin wie eine unförmige Flunder wirken, während wir ein andermal in Begleitung einer kräftigen oder übergewichtigen Person geradezu elfenhaft erscheinen. Genauso ist es mit der Schönheit.

Treffen wir uns mit jemandem zu einer Modenschau, Vernissage oder einer „gehobenen" Kulturveranstaltung, müssen wir damit rechnen, dass um uns herum sehr viele teilweise extrem gestylte und modisch gekleidete Menschen sind und wir im Vergleich dazu – vielleicht ungeschminkt und mit unserem normalen, leicht aufgepeppten Alltagsoutfit ausgestattet – optisch regelrecht abschmieren. In einem anderen Umfeld hingegen, vielleicht bei einer Sportveranstaltung oder beim Spaziergang im Wald, kommen wir mit exakt dem gleichem Aussehen dagegen richtig gut an und wirken besonders attraktiv.

Die uns umgebenden Personen bilden automatisch eine Referenz-grundlage, aufgrund der wir im Hinblick auf Attraktivität und Niveau eingestuft werden. Schönheit und Attraktivität sind also etwas sehr Relatives. Es kann daher nicht schaden, sich bezüglich der Wahl des Treffpunktes, des zu erwartenden Publikums samt dessen voraussicht-lichem Äußeren einerseits und unserer Kleidung und „Aufmachung" andererseits ein paar Gedanken zu machen. Denn das hat unweigerlich einen starken Einfluss darauf, wie unsere Attraktivität eingestuft wird.

Zum Schluss dieses Kapitels noch zu praktischen Dingen, einer guten Terminfindung und dem leidigen Thema Pünktlichkeit.

Der richtige Termin

Wir kennen uns selbst. Wir wissen, wann wir von unserem Biorhyth-mus her in der besten Verfassung sind, am klarsten denken können, am entspanntesten sind, wann wir am besten aussehen. Sind Sie der „frühe Vogel" oder eher die „Nachteule"? Wann ist es Ihnen am liebs-ten, sich mit dem betreffenden Menschen zu treffen?

Wenn Sie wissen, was Sie wollen, dann können Sie auch selbst dazu beitragen, dass das Treffen genau dann stattfinden wird, wann es Ihnen entgegenkommt, z.B. mit der Nutzen-Alternativ-Technik. Sie kann sowohl am Telefon als auch per Mail angewandt werden. Gestal-ten Sie den Zeitpunkt des Begegnungstermins gezielt mit!

Die Nutzen-Alternativ-Technik

Nennen Sie zuerst einen Vorteil oder Nutzen, den der andere durch den gemeinsamen Termin haben wird, und anschließend sofort zwei zeitliche Möglichkeiten, zwischen denen er wählen kann. Beide Alter-nativen sind Ihnen selbst natürlich sehr angenehm, die letzte sogar ganz besonders.

Beispiel: Ziel Vormittagstermin

„Damit Sie sich das Projekt besser vorstellen können, Herr Müller, schlage ich ein kurzes, gemeinsames Meeting noch diese Woche vor. Wann ist es Ihnen lieber: am Mittwoch um 10 Uhr oder am Freitag gleich um acht?"

Beispiel: Ziel Termin nach 14 Uhr

„Damit wir beide am Wochenende in Ruhe unsere Erledigungen machen können, schlage ich vor, dass wir uns erst nachmittags zu einem gemütlichen Spaziergang treffen – wann ist es dir lieber: am Samstag gegen 17 Uhr oder lieber Sonntag ab 15 Uhr?"

Wichtig bei dieser etwas frechen Technik ist, dass Sie im ersten Satz einen Nutzen für Ihren Gesprächspartner nennen, etwas, das sich für ihn interessant, hilfreich, zeitsparend oder sympathisch anhören sollte. Deswegen beginnt diese Technik immer mit „Damit Sie/du ..." oder mit „Damit wir ..." und niemals mit „Damit ich ...". Ihr Tonfall sollte dabei so klingen, dass Sie absolut sicher sind, dass Ihre Idee für Ihren Gesprächspartner das Beste ist und Sie beide ganz selbstverständlich diesen Termin haben werden. Sie meinen es gut mit dem anderen. Der Termin wird in erster Linie deswegen stattfinden, damit er es leichter hat – und erst in zweiter Linie wegen Ihnen!

Der zweite Satz mit den beiden alternativen Zeitvorschlägen muss ohne Pause *sofort* im Anschluss kommen. Erst danach entsteht eine erwartungsvolle, freudige Pause. Nun rattert es im Hirn unseres Gesprächspartners, er überlegt, welcher der beiden Termine ihm besser passt. Das kann einen Moment dauern. Wir warten entspannt. Bitte nicht stören!

Die meisten Menschen wählen bei Alternativfragen die letzte der beiden vorgeschlagenen Möglichkeiten. Außer es geht wirklich gar nicht bei ihnen. Ganz selten werden beide Termine abgelehnt, wenn doch, dann meist mit einer echten Begründung. Falls das passiert, können wir immer noch antworten: „Das verstehe ich natürlich, in dem Fall geht die kommende Woche natürlich gar nicht. Wann passt es Ihnen denn dann in der übernächsten Woche mal, da oder da?"

Ein Freund von mir nutzt bei geschäftlich wichtigen Verhandlungen gern die Zeit nach dem Mittagessen, vor allem mit Kunden oder Geschäftspartnern, bei denen es richtig „um was geht", bei denen er vielleicht eine schlechte Ausgangsposition hat und sich richtig anstrengen muss. Er weiß, dass die meisten Menschen gegen 13.30 Uhr oder 14 Uhr gegessen haben und sich danach im „Suppenkoma" befinden. Er jedoch wird an diesem Tag *nicht* Mittagessen! Im Laufe des Vormittags etwas Obst, damit er später weder gereizt, noch müde ist – das war's. Dadurch ist er in geistig sehr aktiver Verfassung und hat einen gewissen intellektuellen Vorsprung. Er kann seine Vorbereitung glasklar umsetzen und ist schnell im Kopf.

> **Tipp:** Nach dem Essen sind wir müde. Bei wichtigen Terminen sollten Sie daher ein bis zwei Stunden vorher nur leichte Kost zu sich nehmen. Dann sind Sie geistig richtig fit! **!**

Pünktlichkeit

Beispiel: Dhara

Dhara flucht. Der Wagen vor ihr trödelt mit 70 Sachen vor ihr her, obwohl hier 80 erlaubt ist. Sie hasst solche Schlafmützen, vor allem dann, wenn sie in Eile ist, wie jetzt. Na super! Jetzt hat er es auch noch geschafft, dass die Ampel auf Rot umspringt. Dharas Puls jagt, sie schaut zum fünften Mal innerhalb der letzten Minuten auf die Uhr. Noch fünf Minuten, dann sollte sie eigentlich dort sein. Die Fahrtstrecke allein wird noch fünf Minuten dauern, und dann braucht sie noch einen Parkplatz und muss zum vereinbarten Treffpunkt finden. Dhara ärgert sich – über den Schleicher vor ihr, aber noch mehr über sich selbst. Wieso ist sie nicht früher losgefahren?

Wer kennt solche Situationen nicht? Es ist einfach schrecklich. Wir würden uns selbst einen Gefallen tun, wenn wir so viel Pufferzeiten einplanen, dass wir bei wirklich wichtigen Terminen lieber zu früh vor Ort sind als zu spät. Warum? Nicht nur, weil es ein Akt der gegenseitigen Höflichkeit und Respektsbezeugung ist, pünktlich zu sein, sondern auch, weil wir uns selbst sonst unweigerlich hetzen und in einen schlechten Zustand bringen, den wir dann büßen müssen.

> **!** **Tipp:** Tun Sie sich selbst den Gefallen und kommen Sie rechtzeitig an den Ort des Geschehens: Dann sind Sie von Anfang an entspannt und präsent!

Es gibt in der psychologischen Wissenschaft eine Antwort auf die Frage, warum und wie wir Menschen beim ersten Eindruck so schnell und stabil zu unserer ersten Einschätzung kommen. Mit der Fähigkeit, praktisch sofort über gut oder schlecht, Freund oder Feind urteilen zu können, haben wir einen wichtigen evolutionären Überlebensvorteil gewonnen. Wer zu lange überlegt hat beim Anblick eines Säbelzahntigers oder eines uns fremden „Wilden", der war vielleicht im nächsten Moment schon tot. Insofern war und ist es wichtig, zu einer schnellen Einschätzung von Gefahr oder Sicherheit zu gelangen. Auch wenn wir uns heute natürlich in Ermangelung von Säbelzahntigern im Alltag bewusst machen können, dass der erste, schnell gewonnene Eindruck auch schlicht und einfach falsch sein kann. Dennoch ist es gut zu wissen, wie er blitzschnell entsteht – damit wir bei unserem „Auftritt" das Schlimmste verhindern können.

DIE BEGEGNUNG – REIN INS VERGNÜGEN!

Bisher haben wir uns über Möglichkeiten Gedanken gemacht, die wir *vor* der eigentlichen Begegnung anwenden können. In Bezug auf uns selbst, auf unsere Vorstellungen vom anderen und unsere äußerliche Vorbereitung bezüglich Kleidung, Aussehen bis hin zum Ort des Geschehens und der Terminwahl. Nun geht es in die Situation, in der wir den Gesprächspartner wirklich treffen. Jetzt wird aus unserer schönen Theorie eine noch schönere Praxis!

Wie der Eindruck zustande kommt

Es gibt ein paar elementare, psychologische Mechanismen, nach denen wir innerhalb von Sekunden – fast blindlings – einen anderen einschätzen und ihm weitere Merkmale, also Fähigkeiten und Motive unterstellen. Um gezielt einen guten ersten Eindruck zu machen, ist es daher hilfreich, diese Mechanismen der spontanen Personenwahrnehmung zu kennen und für uns zu nutzen.

Der Halo-Effekt

Vermutlich einer der bekanntesten Effekte der Psychologie ist der sogenannte Halo-Effekt. Halo ist ein Begriff für optische Effekte, z. B. den manchmal deutlich sichtbaren Hof um die Sonne oder den Mond. Halo-Effekt im übertragenen Sinn meint, dass die äußere Erscheinung zur Grundlage von Schlüssen auf die inneren Persönlichkeitsmerkmale einer fremden Person herangezogen wird. Nach dem Motto: „Wer so und so aussieht, der ist auch so und so" oder „Wer sich so verhält, der macht auch ...". Wer z. B. eine aufrechte Körperhaltung hat, dem wird eine aufrechte Lebensweise unterstellt, aber manchmal auch noch ganz andere Dinge wie z. B. Mut oder Großzügigkeit.

Beispiel: Rainer

Da uns der neue Arbeitskollege Rainer bei unserem Internetauftritt gestern so hilfreich zur Seite gestanden hat, neigen wir dazu, ihm auch andere positive Eigenschaften zu unterstellen. Wenn uns ein paar Tage später jemand fragt, ob wir ihn für geeignet halten, den nächsten Betriebsausflug zu organisieren, würden wir vermutlich zu einer positiven Einschätzung kommen, und das nicht etwa, weil wir etwas über seine diesbezüglichen Fähigkeiten wüssten, sondern weil wir ganz allgemein einen positiven Eindruck von ihm haben.

Nach wissenschaftlichen Erkenntnissen kann jedoch nicht nur freundliches Auftreten oder körperliche Attraktivität den Halo-Effekt auslösen, manchmal genügt dazu schon ein freundlicher Gesichtsausdruck.

Der Primacy-Effekt

Eine weitere, interessante Tatsache innerhalb der sozialpsychologischen Forschung der Eindruckbildung ist der sogenannte Primacy-Effekt. Hier geht es um die Reihenfolge, in der wir Informationen über eine Person bekommen. Die zuerst erhaltene Information beeinflusst unverhältnismäßig stark die weitere Beurteilung einer Person. In einer Untersuchung konfrontierten Forscher ihre Probanden mit zwei unterschiedlichen Beschreibungen einer Person. „Intelligent, fleißig, impulsiv, kritisch, halsstarrig und neidisch" las die eine Gruppe. Die andere bekam die inhaltlich exakt gleiche Liste, aber in umgekehrter Reihenfolge: „Neidisch, halsstarrig, kritisch, impulsiv, fleißig, intelligent."

Was passiert, wenn Sie das lesen? Haben Sie je nach Liste ein unterschiedliches Gefühl zu der beschriebenen Person? Die Probanden der Forscher hatten es. Im ersten Fall („intelligent, …") fiel der Eindruck der Person deutlich positiver aus als im zweiten Fall („neidisch, …").

!

Tipp: Die ersten Botschaften über uns selbst an unseren Gesprächspartner sollten unbedingt positiv sein: Ausstrahlung, Körpersprache, Augenkontakt, Lächeln und der Austausch der ersten Worte!

Was bedeutet das nun für uns, wenn wir einen guten Eindruck machen wollen? Die allerersten Informationen über uns während der ersten Sekunden bis Minuten prägen die Meinung unseres Gegenübers am stärksten, und das beginnt natürlich auch schon beim Internet- oder Mailkontakt. Die sollten also gut, natürlich, positiv, freundlich sein! Nun wird auch klar, warum neben Körpersprache und Erscheinungsbild die ersten gewechselten Worte beim Kontakt so entscheidend sein können.

In der Sozialpsychologie wird die Ansicht vertreten, dass wir aus den vielen Informationsstückchen, die wir im Erstkontakt voneinander wahrnehmen, nicht einfach nur einen Durchschnitt aller Merkmale bilden, sondern dass es „zentrale" Merkmale gibt, die einen unverhältnismäßig hohen Einfluss auf die Eindrucksbildung haben. In einer großangelegten Untersuchung bekamen Probanden eine Liste von Adjektiven vorgelegt, die eine unbekannte Person beschrieben. Auf einer zweiten Liste von zahlreichen Persönlichkeitsmerkmalen sollten sie ihren Eindruck von der Zielperson vermerken. Der einen Gruppe wurde die Person als „intelligent, fähig, fleißig, herzlich, entschlossen, praktisch und vorsichtig" geschildert, die zweite Gruppe bekam die exakt gleiche Beschreibung, nur wurde „herzlich" durch „kühl" ersetzt, also nur *ein* neues Adjektiv von sieben. Eigentlich hätte sich der Eindruck nur geringfügig verändern dürfen.

Bei der Studie zeigte sich jedoch, dass die Eindrucksbildung nur durch den Austausch von „herzlich" und „kühl" sogar ganz entscheidend beeinflusst wurde: es war, als beurteilten die Probanden eine vollkommen andere Person! Gehörte „herzlich" zur Beschreibung, so wurde die Person häufiger als großzügig, weise, glücklich, gutmütig, beliebt und humorvoll beschrieben, als das bei „kühl" der Fall war.

Der Prototyp-Effekt

Hierbei geht es um das, was wir „typisch" nennen. Die spontane Personenwahrnehmung fällt unter das universale Gesetz der Klassifikation. Wir alle erwerben im Laufe unseres Lebens ein ganzes Repertoire an „Menschentypen", die wir irgendwann mal erlebt, kennengelernt oder über die wir von irgendwoher Informationen bezogen haben. Diese Typen dienen uns danach als Basis, um unbekannte Menschen spontan einzuschätzen. Von diesen Typen haben wir dann eine bestimmte Vorstellung nach dem Motto „Einer von denen, die …". Hier geht es im Erstkontakt vor allem um Kleidung, Haare, Äußeres, Auftreten – und eine Prototyp-Einschätzung mit den damit verbundenen Gefühlen und Bewertungen im ersten Eindruck wird ausgelöst.

Aufgrund solcher Prototypen-Einschätzung unterstellen wir einem fremden Menschen bestimmte Eigenheiten. Hierfür gibt es natürlich positive wie auch negative Beispiele. Jeder von uns gehört von außen betrachtet natürlich immer zu mehreren „Prototypen", die in Situationen wie einer Bewerbung für eine Wohnung, eine Stelle oder in der Begegnung mit einer Reisebekanntschaft oder einem Internetkontakt innerhalb von Sekunden ihre Wirkung entfalten können – positiv wie negativ, je nachdem, ob der andere der jeweiligen Kategorie gegenüber sympathisierend, zugehörig oder kritisch eingestellt ist. Beispiele hierfür sind: alleinerziehend – berufstätig, Mercedes-Fahrer mit Hut, Hausfrau, Punk, Student, Rechtsradikaler, Ausländer, Hundebesitzer, Karrierefrau, Vegetarier, Sektenmitglied, Hartz-IV-Empfänger, Emanze.

Die Fragen, die wir uns diesbezüglich stellen können, lauten: Welche Informationen geben wir unserem Gesprächspartner von uns in den ersten Minuten der Begegnung (evtl. schon im Vorfeld per Mail,

Internet, Telefon)? Präsentieren wir uns optisch vielleicht wie eine bestimmte „Gruppierung", der allgemein positive bzw. eher negative Eigenschaften zugeschrieben werden? Möchten wir das? Welchen individuellen „Mix" wollen wir vielleicht durch unser Auftreten repräsentieren?

Je bewusster uns diese Art der Eindrucksbildung ist, umso klarer können wir unsere Entscheidung treffen, wer wir wirklich sind und wie wir das zum Ausdruck bringen können – mit allen dazugehörenden Konsequenzen. Dies geht nicht nur über die entsprechende Kleidung und optische Erscheinung, sondern auch über unsere Körpersprache, Ausdrucksweise oder kurzen Bemerkungen. Möchten wir als erfolgreiche Geschäftsfrau gesehen werden, ist es also sehr hilfreich, wenn wir uns auch wie eine solche präsentieren.

Die Körpersprache

Weitere große Einflussfaktoren auf den Verlauf eines Kontakts sind die nonverbalen und die verbalen Möglichkeiten unserer Kommunikation. Dies sind neben unserem Aussehen die ersten Dinge, die unser Gesprächspartner von uns zu Gesicht bekommt und die sofort zu einer Einschätzung seinerseits führen.

Zum nonverbalen Ausdruck gehört unsere Körpersprache. Angefangen von unserer Haltung, unserem Gang, der Art, wie wir unseren Kopf halten, dem Augenkontakt bis hin zu unserer Mimik und Gestik. Zur verbalen Ebene gehört unsere Stimme, die Melodie, die Lautstärke, in der wir sprechen, aber auch die Betonung, die Geschwindig-

Zum nonverbalen Ausdruck gehört unsere Körpersprache.

keit, der Dialekt oder die Pausen, die wir machen. Es ist unnötig zu erwähnen, dass alles, was wir übertrieben viel oder übertrieben wenig tun, dem anderen schnell unangenehm werden kann.

Beispiel: Frau Dr. Schneider

Frau Dr. Schneider, seit Jahren Führungskraft, hält eine Rede vor ihren Mitarbeitern. Frau Dr. Schneider hat sich inhaltlich sehr gut vorbereitet, auch ihre Powerpoint-Präsentation ist einwandfrei. Von Anfang an verschränkt sie ihre Arme, hält ihre Schultern meist etwas hochgezogen und bleibt fast unbeweglich an einer Stelle stehen. Sie spricht mit gleichbleibender, relativ leiser und monotoner Stimme. Ihr Blick ist fest auf die Powerpoint-Präsentation geheftet. Ihre Mitarbeiter hören zu, fühlen sich jedoch emotional nicht angesprochen, es wirkt auf sie wie eine von vielen, langweiligen Veranstaltungen, die sie hinter sich bringen müssen. Sie lehnen sich mit verschränkten Armen zurück, senken kritisch den Kopf, runzeln die Stirn, pflegen kaum Blickkontakt mit Frau Dr. Schneider, die ja ohnehin nicht hersieht.

Was ist hier schiefgegangen? Frau Dr. Schneider, eine Spezialistin auf ihrem Fachgebiet, hat die Macht der Körpersprache nicht beachtet. Trotz inhaltlich perfekter Vorbereitung sendet ihr Körper Signale aus, die weder die Wichtigkeit des Themas ausdrücken noch ansteckende Begeisterung. Ihre Mimik, die Körperhaltung, ihr Blickverhalten und die sparsame Gestik wirken steif und ohne Energie. Die Mitarbeiter fragen sich, ob Frau Dr. Schneider an dem Thema selbst überhaupt Interesse hat, und schalten ab.

Körpersprache richtig deuten

Die Körpersprache ist ein extrem kompliziertes und umfangreiches Gebiet. Es gelten zwar landläufig immer noch Regeln wie „Vor der Brust verschränkte Arme bedeuten eine verschlossene Haltung", genau wie überkreuzte Beine. Sie kennen alle diese Pi-mal-Daumen-Regeln der Körpersprache. Will man allerdings wirklich korrekte Aussagen machen, so wird schnell deutlich, wie komplex die Sache ist. Wer sich wirklich mit der Körpersprache befasst, hat eine zusätzliche, hochinteressante Wirkungs- und auch Deutungsebene zur Verfügung.

Im Einzelfall kann ein überkreuztes Bein natürlich statt der Verschlossenheit auch etwas ganz anderes bedeuten, nämlich dass unser Mitmensch vielleicht dringend aufs Klo muss, friert, sein anderes Bein aufgrund einer Sportverletzung schnell einschläft, oder er sitzt einfach gern immer so. Dasselbe gilt für die verschränkten Arme. Der Mensch vor uns könnte gar nicht so verschlossen sein wie vermutet, sondern einen Fleck auf dem Hemd vom letzten Mittagessen haben oder seinen kleinen Bauch verdecken wollen, ihm könnte kalt sein oder der Stuhl ohne Lehne unbequem.

> Wer die Körpersprache des anderen richtig verstehen will, muss sich damit gut befassen, um nicht völlig danebenzuliegen.

Die Körpersprache wirklich korrekt zu deuten ist also eine echte Wissenschaft. Es ist nicht unbedingt zu empfehlen, sich im normalen Alltag darauf zu versteifen, wenn man sich nicht wirklich ausgiebig damit befasst hat. Umgekehrt müssen wir natürlich damit rechnen, dass unser Gegenüber einigermaßen instinktiv auf unsere Körpersprache reagiert. Egal, ob bewusst oder unbewusst: Wir reagieren auf die Sprache des Körpers. Und im Zweifelsfall glauben wir der Körpersprache auch mehr als den Worten, die wir hören. Oder?

Beispiel: Gleichgültigkeit?

Vor Ihnen sitzt jemand, der mit dem Knie wippelt und in einer geradezu erstaunlichen Geschwindigkeit an einem Kugelschreiberknopf herumspielt. Gleichzeitig sagt er zu Ihnen: „Also? Was sagen Sie zu der Sache? Es ist allein Ihre Entscheidung. Mir ist es völlig egal, ich bin total entspannt damit.“

Ist es ihm egal? Was glauben Sie? Die meisten Menschen glauben den Körpersignalen mehr. Und das zu Recht. Je weiter vom Kopf entfernt, umso unbewusster ist uns normalerweise, was unser Körper tut. Das Grinsen im Gesicht können wir meist noch ganz gut steuern. Aber das Wippen des Beines, das Zittern oder Zappeln unserer Hände schon weniger. Vor allem, wenn wir auf das Gespräch konzentriert und vielleicht noch nervös sind. Und der Körper ist meist sehr ehrlich.

Eine bekannte wissenschaftliche Studie zeigt, dass die Wirkung einer gesprochenen Botschaft im Wesentlichen von folgenden drei Faktoren abhängt: zu 7 % von dem Gesagten, zu 38 % von Stimme und Sprechtechnik und zu 55 % von der Körpersprache. Dieses erstaunliche Ergebnis zeigt, um wie viel wirkungsvoller unsere Körpersprache ist als gemeinhin angenommen.

> **!** **Merke:** Von 100 % unserer Botschaft kommen nur 7 % über den gesprochenen Inhalt, 38 % über Stimme und Sprechtechnik und sagenhafte 55 % über unsere Körpersprache beim andern an!

Es kostet allerdings sehr große Übung und Konzentration, die eigene Körpersprache bewusst zu steuern, um nicht zu sagen, es ist fast unmöglich, auf einmal an alles zu denken. Es gehört einfach viel zu viel dazu. Und wir brauchen ja auch noch ein bisschen freie Kapazitäten für ein vernünftiges Gespräch, zum Zuhören und Denken. Daher ist es nur Schritt für Schritt sinnvoll, sich zu bemühen, die Körpersprache in allen Einzelheiten unter unsere komplette Kontrolle zu bekommen.

Wenn wir davon ausgehen, dass unser Körper unsere emotionale Wahrheit ausdrückt, kann es wesentlich sinnvoller sein, stresserzeugende Gedanken, Gefühle und inneren Bilder in Balance zu bringen, anstatt unsere Körperteile in bestimmte Haltungen zu zwingen. Es gibt – wie wir z. B. bei der Visualisierung mit NLP oder der Rückwärtsmethode – gesehen haben, verschiedene Möglichkeiten, unsere innere Verfassung so zu verbessern, dass unser Körper automatisch das Richtige tut. Wenn wir uns das zur Gewohnheit machen, dann haben wir uns gleich mehrere Gefallen getan: Es geht uns einfach viel besser, und das strahlen wir dann auch aus.

In meinen Seminaren spiele ich manchmal spontan verschiedene Körperhaltungen vor und lasse die Teilnehmer sagen, welche Stimmung sie dahinter vermuten. Die Trefferquote ist erstaunlich hoch. Es geht ja schon los bei unserem Gang. Meistens kommen sich zwei Menschen ja von verschiedenen Richtungen entgegen, sehen sich also zunächst laufen, und begrüßen sich dann mit einem Händedruck, begleitet von einem (meist) freundlichen Gesicht und ein paar Begrüßungsworten.

Bei der Körpersprache wird allgemein unterschieden zwischen einer überspannten und unterspannten Haltung sowie zwischen einer geschlossenen und einer offenen. Von unterspannter Haltung sprechen wir, wenn jemand die Schultern hängen lässt, die Muskeln schlaff und müde wirken, die Bewegungsabläufe und Reaktionen ohne Initiative oder Schwung zu sein scheinen. Der Blick schweift teilnahmslos durch die Gegend oder man ist nach innen gekehrt. Durch die bequeme Körperhaltung und Abwesenheit von Energie wirken wir gleichgültig, antriebslos, desinteressiert.

Von unterspannter Haltung sprechen wir, wenn jemand die Schultern hängen lässt und die Muskeln schlaff und müde wirken.

Je nach Situation kann diese sehr entspannte Haltung zwar auch gelassene Souveränität bedeuten, doch dann sieht man im Gesicht und den Augen sehr viel Lebendigkeit und Beteiligung. Von überspannt spricht man, wenn die Muskeln ständig angespannt sind, die Mimik dabei unbeweglich und der Blick relativ starr ist. Aufgrund des angestrengt nach hinten gedrückten Oberkörpers und Halses werden die Halsmuskeln angespannt und wir wirken verkrampft. Die Beine und Füße sind meist fest aneinandergedrückt. Die überspannte Haltung wirkt auf andere so, als seien wir überfordert und unter Druck.

Ein Gleichgewicht zwischen überspannt und unterspannt ist eine entspannte und zugleich aufmerksame, konzentrierte Haltung. Wir sind motiviert, und unser Körper drückt Wachheit aus. Eine entspannte, offene Haltung wirkt am sympathischsten.

Bei Händen in den Hüften entscheidet die Mimik über unsere Wirkung!

Bei der offenen Haltung sind wir aufrecht und entspannt. Unser Blick ist direkt und wachsam. Unsere Gesten stimmen mit den gesprochenen Inhalten überein, sie wirken lebhaft und einladend. Durch eine offene Körperhaltung drücken wir aus, dass wir uns wohl und sicher fühlen. Andere empfinden es als souverän, selbstbewusst, aber auch offen und interessiert. Alle diese Körperhaltungen zeigen sich sowohl im Stehen, im Gehen als auch im Sitzen.

Bei der offenen Haltung sind wir aufrecht und entspannt.

Der Gang

Betrachten wir nun unseren Gang, denn das ist wahrscheinlich das Erste, das unser Gesprächspartner an uns wahrnimmt. Vermutlich haben Sie noch nie darüber nachgedacht, wie Sie gehen. Ist Ihnen bewusst, dass wir bereits mit der Art, aufzutreten, der Geschwindigkeit, der Schrittlänge, unserer Dynamik und Körperhaltung während des Gehens Signale geben?

Wir können schnell gehen oder langsam, wenn wir uns auf unser Gegenüber zu bewegen. Ab einer gewissen Geschwindigkeit wirken wir, als wären wir auf der Flucht vor etwas. Wer große Schritte mit energischem Tempo verbindet, wirkt entschlossen und vital. Dieser Mensch weiß, was er will. Langsame, kleine Schritte wirken zögerlich, unsicher, alt oder krank. Kurze, schnelle Schritte wirken hingegen hektisch.

Wir können dabei leise sein oder deutlich hörbar auftreten. Manche Menschen hören wir kaum, bei anderen bebt der Boden – und das hat keineswegs etwas mit dem Körpergewicht zu tun. Es gibt Menschen, die hauen die Hacken bei jedem Schritt förmlich in den Erdboden, als wollten sie sich für ein schlimmes Unheil an der Erde rächen, während andere sanft abrollen und wieder andere förmlich heranschleichen wie die Indianer. Nicht umsonst spricht man von Leisetretern. Wer durchs Leben schleicht, hat offenbar Angst, gehört und gesehen zu werden – und wirkt auf andere oft unsicher. Wer zu laut ist, wirkt schnell unsensibel und rücksichtslos wie ein Trampeltier. Wie so oft ist die gesunde Mitte empfehlenswert. Achten Sie einfach mal darauf. Wir sind uns solcher Details meist nicht bewusst, bis wir ganz gezielt darauf achten.

Wir können eine gerade, aufrechte Haltung einnehmen oder leicht gebeugt gehen. Die gerade Haltung, gepaart mit einer aufrechten Kopfhaltung und entspannten Schultern, wird von den allermeisten Menschen als Zeichen selbstbewussten Auftretens gewertet. Die Mimik entscheidet dann über unser Ansinnen: selbstbewusst und freundlich oder selbstbewusst und angriffslustig.

Ein federnder, dynamischer, aufrechter Gang wirkt selbstbewusst und geistig beweglich.

Die einen halten den Kopf beim Gehen gesenkt, die anderen schauen gerade nach vorn, wieder andere gehen quasi blind, weil sie versuchen, in ihr Handy zu schlüpfen. Wer den Kopf gesenkt trägt, vermeidet automatisch Blickkontakt mit anderen und wirkt unweigerlich verschlossen. Es kann heißen, er ist gerade in Gedanken und ganz bei sich selbst – oder auch, dass das ein Mensch ist, der Angst hat vor Kontakt und niemanden konfrontieren möchte.

Man kann beim Gehen relativ starr oder locker wirken. Während die einen in der Hüfte leicht seitwärts hin und her wippen, wirken andere so, als wäre die Hüfte mit dem Rumpf förmlich zusammengeschraubt. Je starrer der Körper, umso starrer wirkt der Mensch. Manche haben etwas Zögerliches beim Laufen, während andere einen festen, entschiedenen Schritt haben. Wie der Gang, so wirkt der ganze Mensch in diesem Moment. Zu einem Bewerbungsgespräch als Führungskraft sollten Sie also einen entschiedenen Schritt drauf haben, der signalisiert, dass Sie wissen, wo Sie hin wollen, und keinen Zweifel daran haben, dort auch anzukommen. Die einen schlendern gemütlich vor sich hin, die anderen scheinen nur einen Punkt zu fixieren: ihr Ziel. Es gibt auch welche, die taumeln und stolpern durch ihr Leben.

ÜBUNG: WIE „GEHT" ES?

Machen Sie sich doch mal den Spaß und setzen sich in ein Café in der Fußgängerzone und beobachten einfach nur die verschiedenen Möglichkeiten, zu gehen – von der Geschwindigkeit angefangen bis hin zu der Flexibilität der Hüfte, der Beine, dem jeweiligen Rhythmus bis zur Körper- und Kopfhaltung. Und achten Sie dabei darauf, welches Bauchgefühl Sie von den jeweiligen Menschen bekommen.

Wenn Sie mögen, können Sie zum Spaß auch selbst mal verschiedene Arten zu gehen ausprobieren, vielleicht in einem Park, und dabei fühlen, welche innere Stimmung dabei entsteht. Oder Sie üben zuhause vor dem Spiegel.

Die Körperhaltung

Die Körperhaltung ist ein extrem wichtiger Faktor. Die meisten Menschen bevorzugen ein Gegenüber, das Klarheit und damit Berechenbarkeit ausstrahlt. Wer selbst nicht so recht weiß, was er will, der könnte wankelmütig und beeinflussbar sein. Auf so jemanden kann man sich möglicherweise nicht verlassen. Wann wirkt ein Gang also klar und wann unsicher? Gleichmäßige, zügige, feste Schritte, die man hören kann – ohne dabei zu trampeln wie ein Elefant – signalisieren Selbstbewusstsein und zielorientierte Dynamik.

 Tipp: Deuten Sie nie einen einzelnen, körpersprachlichen Aspekt, sondern immer den gesamten Menschen! Berücksichtigen Sie dabei auch die Situation.

Da wir aufgrund unserer Gewohnheit keine zuverlässige Körpereigenwahrnehmung haben, ist es uns nicht exakt möglich, zu spüren, ob wir eine aufrechte Haltung haben oder nicht. Vor dem Spiegel ist es jedoch möglich, sich selbst zu coachen. Besser noch zusammen mit einem guten Freund, der den Mumm hat, wirklich ehrlich zu uns zu sein, oder noch besser mit einem Menschen, der sich mit Rhetorik und Körpersprache auskennt.

Vor allem von der Seite können wir sehen, ob jemand eine aufrechte Körperhaltung hat oder einen Rundrücken macht, also Oberkörper und Schultern nach vorn hängen lässt. Diese Haltung hat den Nebeneffekt, dass der Hals nicht gerade nach oben, sondern leicht schräg aus dem Rumpf kommt und daher auch der Kopf in geneigter Position getragen wird, wodurch der Augenkontakt automatisch von leicht unten nach oben gelenkt wird. Das wirkt unterwürfig.

Ich habe schon öfter einen Menschen innerhalb eines Rhetorikseminars in die gerade Haltung „gebogen". Der im oberen Rücken nach vorn Gebeugte behauptete laut Eigenwahrnehmung aufrecht zu stehen. Jeder konnte sehen, dass das nicht der Fall war und er erst nach der entsprechenden Korrektur gerade dastand. Danach gefragt, wie sie sich mit dieser neuen Haltung fühle, sagte die Person, sehr merkwürdig, da sie glaube, nun nach hinten gebeugt zu stehen. Das passiert regelmäßig.

Wir sind Gewohnheitstiere. Unsere Gewohnheit wird zur gefühlten Mitte, auch wenn sie das definitiv nicht ist. Das gleiche gilt natürlich fürs Sitzen. Wir sind meist daran gewöhnt, einen Rundrücken zu machen und empfinden es als unbequem, mit einem geraden Rücken zu sitzen, obwohl das wesentlich gesünder wäre und auch optisch viel besser wirkt. Zuhause oder im Büro kann man es sich angewöhnen, indem man sich ein Keilkissen besorgt, das beim Sitzen die Hüfte nach vorn kippt. Dadurch wird automatisch der Rücken gerade gehalten.

Bei der geraden Körperhaltung, egal, ob im Sitzen, Gehen oder Stehen, geht es jedoch um weit mehr als nur darum, einen guten Eindruck zu machen. Es hat einen unmittelbaren Einfluss auf unsere Atmung und innere Verfassung. Probieren Sie es doch mal aus.

ÜBUNG: DIE HALTUNG BEWUSST VERÄNDERN

Setzen Sie sich in leicht nach vorn gebeugter Haltung, mit leicht nach vorn hängenden Schultern und hängendem Kopf hin, den Blick gesenkt. Und nun fühlen Sie: Wie ist Ihre Atmung, Ihr Aktivitätsniveau, welche Stimmung wird innerlich zu dieser Körperhaltung abgerufen? Es geht hier um etwas sehr Dezentes. Haben Sie's? Und?

Nun nehmen Sie eine andere Haltung ein. Setzen Sie sich aufrecht hin, die Schultern locker und leicht nach hinten geneigt (Sie wissen schon: Bauch rein, Brust raus) und den Kopf leicht angehoben, Blick geradeaus. Wie fühlen Sie sich nun? Welchen dezenten Unterschied können Sie im Vergleich zu der vorher eingenommenen Haltung spüren?

Probieren Sie nun als Nächstes aus, zu lächeln (auch wenn Ihnen gar nicht danach ist), ja, tun Sie's einfach mal! Mit dem Mund *und* den Augen. Jetzt! Und schon hält ein (zumindest tendenziell) positives Gefühl Einzug — merken Sie's?

Ein letztes Experiment: diesmal bitte ohne Lächeln das Kinn etwas höher anheben, aufrechte Körperhaltung, die Beine etwas breiter auseinander, den Blick leicht nach unten gerichtet halten, als würde dort vor Ihnen jemand stehen — wie fühlen Sie sich damit? Bei den meisten Menschen stellt sich durch die Kombination von aufrechter Haltung und Blick nach unten ein leicht überhebliches Gefühl gegenüber dem dort Stehenden ein. Ist das nicht interessant?

Ist es nicht faszinierend, wie wir über eine bewusst eingenommene Körperhaltung auf der Stelle unsere Stimmung verändern können?

Die Körperhaltung drückt unsere Stimmung aus. Umgekehrt können wir über eine bestimmte, bewusst eingenommene Haltung auch gezielt unsere Stimmung beeinflussen.

Die Körpersprache ist eine uralte Sprache zwischen uns Menschen – und nicht nur zwischen Menschen. Auch Tiere kommunizieren so miteinander.

Sich „groß" machen schindet nicht nur bei Menschen, sondern auch bei Tieren instinktiv Eindruck. Deswegen stellen sich Katzen z. B. mit ihrem berühmten Katzenbuckel und gesträubten Haaren so hin, damit das Gegenüber sie als möglichst groß und gefährlich empfinden soll.

Apropos groß: Es ist nicht ratsam, die Schultern hochzuziehen, um dadurch vermeintlich größer zu wirken, das wirkt nur extrem verspannt und führt auch zu schlimmen Schulter- und Nackenverspannungen. An unserer Größe können wir über die Höhe der Schuhe (evtl. mit dezentem Plateau) bzw. der Absätze einen gewissen Einfluss ausüben und auch über die Wahl der Kleidung: Je breiter wir aussehen, umso kleiner wirken wir, und umgekehrt. Gut gewählte Kleidung kann hier Wunder wirken. Jede Größe ist sexy und beeindruckend, wenn wir über den Körper und unsere Mimik innere Größe und Individualität ausstrahlen. Die Ausstrahlung ist um ein Vielfaches bedeutender als ein paar Zentimeter größer oder kleiner.

Die Körperhaltung, die uns am größten wirken lässt, ist eine aufrechte, entspannte Position, die Schultern locker (lieber etwas nach hinten als zu sehr nach vorn geneigt), den Hals senkrecht nach oben gehalten, das Kinn gerade und dazu eine aufrechte Kopfhaltung mit direktem, freundlichem Blickkontakt. Wenn wir uns angewöhnen, so zu gehen, stehen oder zu sitzen, als wären wir wie eine Marionette in der Mitte unseres Schädels an einer Schnur aufgehängt – aufrecht und doch entspannt – dann haben wir automatisch die gesündeste Haltung.

Hals- und Kopfhaltung

Wer mit gesenktem Kopf von unten nach oben schaut, wirkt automatisch unsicher und unterwürfig, zusammen mit unruhigem Blick sogar schuldbewusst. Interessant ist dabei der Hals. Wenn wir ihn verstecken, indem wir das Kinn in Richtung Brust drücken, so ist das eine instinktive Schutzreaktion, denn der Hals ist evolutionstheoretisch betrachtet eine unserer verletzlichsten Stellen. Bei Angst vor einem Angriff oder Strafe verdecken wir ihn automatisch, zum einen durch das nach unten geneigte Kinn, zum anderen, indem wir die Schultern hochziehen. Das Gegenüber empfindet uns so vor allem mit gesenktem Blick auf jeden Fall unterlegen, ängstlich, möglicherweise auch nicht vertrauenswürdig, da wir offenbar nicht den Mut haben, ihn geradeheraus anzusehen. Das Gegenüber kann aufgrund dieser Haltung auch misstrauisch werden: Wer weiß, was wir im Schilde führen.

Wer anderen gegenüber in auffälliger Weise den Hals offenbart, indem er z. B. das Kinn nach oben trägt, der wirkt zusammen mit der entsprechenden Mimik selbstbewusst bis hin zu überheblich und sogar arrogant. Sein offen präsentierter Hals signalisiert: Ich habe keine Angst vor dir!

Je nach körperlicher Nähe und der Atmosphäre zwischen zwei Menschen, einem liebevoll-offenen Blick und einer lächelnden, entspannten Mimik kann ein offen dargebotener Hals von freundschaftlich-vertrauensvoller Stimmung bis hin zu vertrauensvoll-sinnlicher Hingabe gedeutet werden: Ich gebe mich dir hin, weil ich dir vertraue.

Ein seitlich leicht geneigter Kopf mit geradem Blick wird als Interesse und Konzentration gedeutet, auch wenn man den Kopf leicht schräg hält, sodass ein Ohr sichtbarer als das andere wird. Dies bedeutet meist, dass unser Gegenüber uns konzentriert zuhört.

Ähnlich verhält es sich mit dieser Geste: Jemand wird etwas gefragt oder sagt etwas und fasst sich dabei – wenn auch nur flüchtig – an den

Hals. Egal, ob seitlich, frontal oder an die Halskette: Irgendetwas hat denjenigen vermutlich kurz gestört und nervös gemacht, und sei es die eigene Aussage. Vielleicht fühlt sich derjenige dezent angegriffen oder unter Druck gesetzt und schützt nun instinktiv kurz seinen empfindsamen Hals?

Die Gestik

Körperhaltung und Gestik müssen immer im Gesamtzusammenhang betrachtet werden. Das macht die Sache komplex. Je näher am Kopf, umso leichter ist die Gestik vom Verstand her kontrollierbar. Umgekehrt heißt das: Je weiter weg vom Kopf, umso ehrlicher ist die Körpersprache.

Wenn jemand also etwa stehend im Gespräch zustimmend mit dem Kopf nickt, die Beine und Füße dabei jedoch vielleicht minimale Bewegungen vollziehen und es aussieht, als würde er jeden Moment weggehen, ist das ein Hinweis darauf, dass er eventuell wirklich gern weg möchte – vielleicht aber auch nur, dass er auf die Toilette muss. Also immer Vorsicht vor zu schnellen Schlüssen!

Wer sich beim Sprechen an die Nase fasst, ist meist verlegen, peinlich berührt oder unter Druck. Vielleicht verspricht derjenige aber auch gerade etwas, wobei er noch keine wirkliche Idee hat, wie er die Aufgabe lösen kann. Möglicherweise kitzelt ihn auch gerade etwas. Oder es kann wie bei allen anderen Gesten auch einfach eine Angewohnheit sein und schlichtweg überhaupt nichts bedeuten. Wer sich ins Gesicht greift, z. B. kurz die Augenbrauen entlangstreicht oder die Stirn berührt, ist meist beunruhigt, nervös oder am Zweifeln, wie er nun weiter vorgehen soll.

Dem Gegenüber mit freundlichem, direktem Blick kurz an die Schulter oder den Arm zu fassen signalisiert den Wunsch nach einem harmonischen Miteinander. Als sanfte Berührung ist es herzlich gemeint.

Vorsicht, wenn wir jemanden überhaupt nicht einschätzen können – nicht jeder mag so etwas. Ein kräftiger Griff an den Oberarm des Gegenübers kann bei der Begrüßung als hintergründige Dominanzgeste verstanden werden.

Gesten beleben die Kommunikation und unterstreichen den Inhalt.

Werden die Arme jedoch hinter dem Rücken verschränkt – meist im Stehen oder Gehen –, so könnte man das als Zeichen deuten, dass jemand nicht mit dem vor ihm Stehenden in Kontakt kommen möchte, also seine Hände vor Berührung schützt. Diese Geste wird, zusammen mit erhobenem Kopf und selbstbewusstem oder gar strengem Blick, heutzutage eher von hierarchisch höher Stehenden verwendet, möglicherweise um zu sagen: Ich möchte dir nicht die Hände schütteln, du bist mir nicht gut genug.

Menschen, die kaum Gesten verwenden, wirken unbeteiligt und energielos. Gesten beleben die Kommunikation und unterstreichen den Inhalt. Sind die Hände offen oder werden sie zu Fäusten geballt?

Hängen die Arme am Körper herunter wie Fremdkörper oder sind sie in lockerer Bewegung? Gesten, die nicht mit dem gesprochenen Wort übereinstimmen, verunsichern oder verärgern unser Gegenüber nach dem Motto: Irgendetwas stimmt hier nicht! Die ineinander verschränkten Finger, die vor Anspannung sich förmlich ineinander verkrallen, zeigen dem Gegenüber, dass wir unter Druck stehen, ja richtiggehend Angst haben.

Wie viel Gestik wir einsetzen, ist natürlich Typsache – und auch kulturabhängig. Manche fuchteln von Natur aus wie wild herum (und sind dabei meist auch lauter), andere sind die von der Gestik her ruhigeren (und eben auch leiseren) Kandidaten. Grundsätzlich gilt natürlich: Bleiben Sie sich treu! Versuchen Sie dabei, die goldene Mitte zu halten, denn: Alles, was übertrieben ausgelebt wird, sowohl die wilde Fuchtelei als auch die besonders steife Haltung, wirkt auf unser Gegenüber möglicherweise ein bisschen merkwürdig.

Hände und Händedruck

Doch auch unsere Hände sind relativ ehrliche Gesellen. Gerade wenn wir angespannt sind, führen sie ein Eigenleben und sind schwer dauerhaft unter Kontrolle zu bekommen. Oft geben sie unsere innere Geschwindigkeit preis. Sie sind manchmal mit irgendetwas beschäftigt, klicken mit einem Kugelschreiber oder spielen an Fingern oder Nägeln herum. Wer unruhige Hände hat, ist meist auch in gefühlsmäßig unruhiger Stimmung. Sie können Aufregung, Nervosität oder puren Stress bedeuten.

Werden die Hände nach oben offen gezeigt, kommt es drauf an, in welcher Höhe dies geschieht und mit welcher Stimmqualität und welchem Augenkontakt es begleitet wird. Vor dem Körper, etwa auf Tischhöhe, zeigen wir in einer ruhigen Geste damit Offenheit und Kompromissbereitschaft. Halten wir die offenen Hände jedoch auf Schulterhöhe und vielleicht noch gepaart mit Schulterzucken und etwas ausgebreiteten Armen, wird es höchstwahrscheinlich auf Unsicherheit hindeuten, nach dem Motto: Ich habe keine Ahnung, was wir jetzt machen sollen.

In unseren Breitengraden ist es üblich, sich zur Begrüßung die rechte Hand zu reichen. Meistens jedenfalls. Es gibt religiös bedingte Ausnahmen, die zwar selten sind, aber existieren. Insofern ist es unter Umständen sinnvoll, eine einzige kleine Sekunde zu warten, ob unser Gegenüber uns die Hand reicht oder nicht. Es steht schließlich nirgends geschrieben, dass wir die Ersten sein müssen, die dem anderen die Hand hinstrecken. Und man steht richtig blöd da, wenn man jemandem die Hand hinhält und er ergreift sie nicht.

Wenn wir uns heute die Hand reichen, dann wäre es auch schön, wenn diese trocken wäre. Ein kleiner Trick: In der Jackentasche ein Taschentuch vorbereiten.

Warum eigentlich die rechte? Wussten Sie, dass das eine lange Tradition hat? Schon die Römer gaben einander die rechte Hand. Die Rechte war diejenige, mit der man kämpfte, und wer dem anderen die bloße oder unbehandschuhte Hand hinstreckte, zeigte zwei Dinge: Ich trage keine Waffe und ich nähere mich in vertrauensvoller Absicht.

Wenn wir uns heute die Hand reichen, dann wäre es auch schön, wenn diese trocken wäre. Wer nervös ist, kann manchmal nichts dagegen tun, dass die Hände feucht werden. Gut, wenn Sie es selbst merken, bevor es der andere tut! Ein kleiner Trick: In der Jackentasche ein Taschentuch vorbereiten, das wir bis wenige Sekunden vor dem Handschlag fest in die rechte Handfläche drücken können.

Der Handschlag selbst ist eine Angelegenheit für sich. Wir haben alle die unterschiedlichsten Erlebnisse damit. Da gibt es die Menschen, bei denen wir uns fragen, ob sie uns einen toten Fisch in die Hand gelegt haben oder was das eigentlich gerade war. Und dann diejenigen, die offensichtlich versuchen wollten, uns trotz strahlendem Lächeln gleichzeitig die Hand zu brechen. Ringe stellen hier die Sollbruchstellen dar. Dazwischen gibt es viele Varianten.

Es gibt auch den „Handschuh-Druck". Hierbei wird die Hand des Gegenübers mit beiden Händen umschlossen. Diese Geste drückt besondere Herzlichkeit und Freude aus und wird meist von mehrmaligem Schütteln begleitet. Apropos Schütteln: Einmal Schütteln ist höflich und distanziert, zwei- bis dreimal ist freundlich, alles häufigere schon echte Herzlichkeit und Innigkeit.

Probieren Sie unter Freunden mal die verschiedenen Versionen des Händedrucks aus!

Unter Freunden können Sie die verschiedenen Versionen ausprobieren. Mit einem mittelgradig festen Händedruck liegen wir grundsätzlich schon mal richtig. Die Feinheit können wir dann in dem Moment, in dem die Hände sich berühren, noch regulieren. Es gibt natürlich kein allgemeingültiges „Richtig" und „Falsch". Fakt ist allerdings, dass Menschen auf Ähnlichkeit positiv reagieren. Das bedeutet für den Händedruck: Passen Sie sich Ihrem Gegenüber an!

Während des Händedrucks können wir auch den Körperabstand beachten. Wer sich dabei sehr nah kommt und den Oberkörper nach vorn beugt, kennt sich meist schon. Die beiden sehen sich offen und lächelnd an, die Hände werden länger geschüttelt. Bei Personen, die sich nicht kennen, sieht man oft einen höflich-distanzierten Abstand beim Händedruck. Der Blick begegnet sich nur ganz kurz, der Händedruck ist ebenfalls kurz und dafür meist kräftig. Die Zaghaften hingegen halten so viel Abstand, dass sie gerade noch ihrem Gegenüber die Hand schütteln können. Ihr Oberkörper ist entweder gerade bis steif oder sogar dezent nach hinten geneigt. Ein rückwärts geneigter Oberkörper sagt immer: Komm mir nicht zu nah!

Abstand und Nähe regulieren

Augenkontakt

Der Augenkontakt ist eine unerhört wirkungsvolle Stellschraube innerhalb von Begegnungen, vielleicht die wirkungsvollste überhaupt. Wenn wir lernen, damit bewusst umzugehen, können wir innerhalb von Sekunden die Stimmung auf das stärkste beeinflussen – positiv wie negativ.

Blickkontakt kann provozierend, erotisch, liebevoll, aggressiv oder völlig entwaffnend sein. Ein Blick sagt mehr als tausend Worte. Die Augen werden nicht zu Unrecht als Fenster zur Seele bezeichnet. Wir können über die Augen innerhalb von einem einzigen Moment vom blanken Hass über herzlichstes Mitgefühl bis zur großen Liebe mehr ausdrücken, als in stundenlangen Gesprächen auch nur annähernd erreicht werden könnte. Entscheidend ist, was wir in diesem Moment empfinden. Wollen wir also, dass sich das Gegenüber wohl mit uns fühlt, so ist es das Allerallerwichtigste, dass wir ihn oder sie mögen und ab und zu direkt, freundlich und ruhig in dessen Augen sehen – nicht niederstarren und mit unseren Augen „jagen" wie einen flüchtenden Hasen, sondern immer wieder mit einem leichten Lächeln ansehen und dann wieder wegsehen. Das schafft Nähe und gleichzeitig Raum.

In einem „typischen" Zweiergespräch hat nach einer wissenschaftlichen Untersuchung einer der beiden Partner zu ca. 60 % den Blick auf den anderen gerichtet, ihre Blicke treffen sich aber nur zu 30 % der Zeit.

Ein Blickkontakt dauert durchschnittlich eine Sekunde, während ein Blick, der dem anderen persönlich gilt, etwa drei Sekunden dauert. Zu viel Angeschautwerden kann genauso unangenehm sein wie zu wenig oder gar nicht. Wenn Sie auf die Angewohnheit Ihres Gesprächspartners achten, werden Sie bemerken, dass jeder Mensch in unterschiedlichem Maß Augenkontakt pflegt. Auch hier gilt: Passen Sie sich ein bisschen dem anderen an – in Häufigkeit und Intensität.

Die Intensität des Augenkontakts stellt das am häufigsten und wirkungsvollsten eingesetzte nonverbale Signal dar, das wir nutzen können. Je länger wir einander in die Augen sehen, umso intensiver wird es. Man kann leicht unsicher dabei werden, denn es ist etwas Besonderes. Entsteht unerwartet so ein Blickkontakt, vergisst man vielleicht plötzlich mitten im Satz, was man gerade sagen wollte, oder wird vielleicht sogar rot. Wir werden uns in diesem Moment unserer selbst bewusst und fühlen uns vom anderen „gesehen", fühlen uns möglicherweise plötzlich wie nackt. Das kann einen schon mal aus dem Konzept bringen, ist aber nichts Schlimmes. Wenn es Ihnen passiert, dann lächeln Sie doch einfach entwaffnend und sagen: „Ups, Sie bringen mich ja ganz aus dem Konzept." Diese entwaffnende Ehrlichkeit kommt beim anderen immer gut an, und uns entlastet es, weil es ausgesprochen wurde.

> Die Intensität des Augenkontakts stellt das wirkungsvollste eingesetzte nonverbale Signal dar, das wir nutzen können.

Je öfter wir im Alltag Menschen direkt in die Augen sehen, umso angenehmer ist es für uns, weil wir Übung darin bekommen, einen echten Kontakt von „Seele zu Seele" herzustellen. Tun Sie es aber bitte immer mit einem inneren, liebevollen oder zumindest freundlichen Grundgefühl – und das sollte auch auf dem Rest des Gesichts zum Ausdruck kommen. Denn wenn wir andere streng, konzentriert oder kühl so direkt ansehen, kann das provozierend, durchbohrend und angriffslustig wirken – und für den Betrachteten extrem unangenehm sein.

Nicht umsonst ist es in der Tierwelt üblich, dass der Stärkere den hierarchisch untergeordneten nur kurz anzusehen braucht, und der Schwächere senkt den Blick. Sofort ist klar, wer der Chef ist. Praktisch eigentlich, denn es erspart viele schmerzhafte Kämpfe. Bei Menschen ist es ähnlich. Wir reagieren diesbezüglich oft instinktiv. Werden wir z. B. nachts von jemandem überraschend angepöbelt, der uns wütend direkt in die Augen sieht, werden die meisten von uns den Blick sofort abwenden und auch körperlich ausweichen, wenn wir die Situation entschärfen wollen. Ist jemand allerdings bereit, sich spontan auf einen Kampf einzulassen, so wird er das Gegenüber sofort fixieren und auch verbal deutlich machen: Überleg dir gut, was du jetzt tust – es könnte dir leid tun!

> Je öfter wir im Alltag Menschen direkt in die Augen sehen, umso mehr Übung bekommen wir darin, einen echten Kontakt von „Seele zu Seele" herzustellen.

Wer einen anderen auffallend intensiv und lange ansieht, der kann damit einen äußerst wirkungsvollen, fast magischen Magnetismus erzeugen, allerdings muss dieser Blick eindeutig freundlich sein, sonst kann man sich jede Menge Ärger einhandeln. Ein solcher „faszinierter" Intensivblick ist z. B. dann empfehlenswert, wenn sich der Angesehene in einer gewissen Entfernung befindet (Minimum drei bis vier Meter), sodass er sich durch den Blick nicht belästigt fühlen kann. Sie können ihn auch in Etappen durchführen: hinsehen, an dem Objekt Ihrer Aufmerksamkeit mit den Augen förmlich „kleben" bleiben und beim Wegsehen, so als würde es Ihnen schwer fallen, wegzuschauen, so, als müssten Sie sich losreißen. Und nach einer Weile wieder hinsehen. Das „Objekt unserer Begierde" wird es irgendwann wahrnehmen und sich geschmeichelt fühlen. Diese „Technik" funktioniert sowohl zwischen Frauen als auch besonders stark zwischen Frau und Mann (und umgekehrt), ist jedoch zwischen Mann und Mann nur sehr dezent einsetzbar, da sie sehr leicht zu Aggressionen führen kann.

> Die Länge eines Augenkontaktes sagt etwas über unser Interesse, unser Selbstbewusstsein und manchmal sogar über das Machtverhältnis aus.

Die Länge eines Augenkontaktes sagt nicht nur etwas über unser Interesse, sondern auch viel über unser Selbstbewusstsein und manchmal sogar über das Machtverhältnis zwischen den involvierten Personen aus. Handelt es sich nicht um ein durch gegenseitiges Lächeln getragenes, warmes Ansehen, sondern um ein kühles Taktieren, kann es sich um eine Hierarchieabklärung handeln. Nach dem Motto: Wer zuerst wegschaut, hat verloren.

Wer mit dem Augenkontakt bewusst umgeht, kann sehr viel Intensität erzeugen. Und zum Augenkontakt gehört unweigerlich unser Lächeln.

Lächeln

Mit dem Lächeln sind jede Menge Möglichkeiten verbunden, auf andere einen geradezu magischen Eindruck zu machen, das weiß jeder. Interessant wird es jedoch, wenn es um die Feinheiten des Lächelns geht. Wann wirkt es echt, wann persönlich, wann nur aufgesetzt?

Ein herzliches Lächeln kriegen wir immer zustande, oder? Machen Sie dabei bitte keine Grimasse, die nur den Mund betrifft, sondern lächeln Sie immer mit dem ganzen Gesicht, vor allem mit den Augen! Und lassen Sie danach das Lächeln nicht abrupt wieder fallen, sondern lassen Sie es „ausgleiten" – denn nur dann wirkt es echt! Man hat herausgefunden, dass ein Mensch, der schon von Anfang an breit lächelt, weniger ernst genommen wird als der, der erst mit einer klitzekleinen Verzögerung von etwa ein bis zwei Sekunden beginnt zu lächeln. Wer von Anfang an lächelt, wird zwar als freundlich eingestuft, jedoch nicht so respektiert. Gleichzeitig glaubt man, dass derjenige jeden anlächelt, daher nimmt man die gezeigte Freundlichkeit nicht allzu persönlich.

> **Tipp:** Sehen Sie Ihr Gegenüber direkt an und lassen Sie dann Ihr schönstes Lächeln entstehen: warmherzig, breit, strahlend, herzlich! **!**

Erst wenn das Lächeln im Zusammenhang mit dem ersten Moment der Begegnung langsam entsteht, nimmt es unser Gegenüber persönlich. Wichtig dabei ist, dass wir ihm in diesem Moment unsere komplette Aufmerksamkeit schenken. Mit unserer Körperhaltung sind wir ihm vollkommen zugewandt und präsent. Alles an uns drückt aus: Ich freue mich von ganzem Herzen, Sie/dich zu sehen!

Übrigens: Gemeinsames Lachen verbindet und entspannt enorm die Atmosphäre. Wenn Sie zu der Sorte Menschen gehören, die humorvoll sind und denen auch im Erstkontakt etwas Heiteres einfällt: dann los! („Wenn du sie nicht durch Geschicklichkeit beeindrucken kannst, dann verblüffe sie mit Blödsinn", wusste schon der berühmte Komiker Jerry Lewis.)

Gemeinsames Lachen verbindet und entspannt enorm die Atmosphäre.

Ein „Trick", von Anfang an eine angenehme Vertrautheit zu erzeugen, ist folgender: Stellen Sie sich vor, der andere wäre ein guter alter Bekannter. Ein Freund, den Sie sehr gern haben und den Sie schon länger nicht mehr gesehen haben. Wenn wir uns das vor dem Treffen kurz vorstellen (siehe S. 58), reagiert unser Körper vor Ort automatisch mit den entsprechenden Signalen wie Offenheit, Entspanntheit, herzlichem Augenkontakt, Sicherheit, warmem Blick, freundlicher, weicher Stimme usw. Durch unser Strahlen geben wir dem Gesprächspartner das Gefühl, etwas ganz Besonderes zu sein und dass wir ihn wirklich mögen. Er fühlt sich augenblicklich mit uns wohl und entspannt. Unsere Ausstrahlung von Zuneigung und Vertrautheit erzeugt genau das: Zuneigung und Vertrautheit. Probieren Sie es aus! Sie werden erstaunt sein.

> **Tipp:** Stellen Sie sich in Begegnungen mit fremden Menschen ab sofort immer vor, dass Sie sich schon von früher kennen und mögen. Spielen Sie vom ersten Moment an die dafür typische, warme Vertrautheit – und sie wird sich einstellen.

Wie viel Distanz muss sein?

Wer sich sehr gut kennt, darf sich auch körperlich sehr nah kommen, ja sogar berühren. Paare berühren sich bei Begrüßungen auch in der Öffentlichkeit manchmal sogar mit dem ganzen Körper und den Lippen: einem Kuss. Dies ist die naheste Berührung, die in der Öffentlichkeit üblich ist. Gute Freunde berühren sich durch kurze Umarmungen oder indem sie sich an den Arm oder die Schulter fassen. Wer sich weniger gut kennt, bleibt automatisch so weit entfernt, dass gerade das Händeschütteln möglich wird. Käme einer von beiden dem anderen darüber hinaus ein paar Zentimeter näher, so würde das dem anderen möglicherweise sofort unangenehm sein. Es wirkt von respektlos bis anzüglich auf uns, wenn uns jemand zu nahe kommt, je nach Situation, Mimik und Tonfall unseres Gegenübers.

Ein interessantes Beispiel in Bezug auf Nähe und Distanz ist die Situation im Aufzug. Hier stehen plötzlich viele, meist fremde Menschen sehr nahe beieinander. Zu nahe eigentlich. Denn ein gewisser Abstand ist unausgesprochene Höflichkeitsregel. Im Aufzug nun sind wir uns plötzlich sehr nah, so nah, dass man sich fast schon mit den Körpern berührt. Und was geschieht mit dem Augenkontakt? Haben Sie mal darauf geachtet?

Jeder schaut krampfhaft irgendwohin – nur nicht einen der Mitfahrenden an. Die einen fixieren die Decke, die nächsten starren auf den Boden, als hätten sie dort etwas verloren, die Dritten an die Wand oder die Etagenknöpfe. Warum? Weil der Augenkontakt die körperliche Nähe noch vervielfachen würde. Das wäre in dieser Konstellation aber fast unerträglich.

Es wird im Aufzug auch wenig gesprochen. Denn beim Reden gehört es wieder zum guten Ton, sich wenigstens ab und zu mal anzusehen. Es scheint so, als seien aufgrund der unnatürlichen Nähe im Aufzug alle leicht angespannt, ja fast peinlich berührt. So stehen wir also stumm nebeneinander, atmen flach (denn auch tiefes Atmen erhöht die Intensität der Begegnung) und sind froh, wenn wir dem Aufzug wieder entkommen. Eigenartig, nicht wahr?

Vielleicht ist Ihnen im Urlaub, auf einer Reise in südliche Länder, auch schon einmal aufgefallen, dass die Menschen dort andere Abstände voneinander halten, sie kommen sich – und uns – wesentlich näher. Dass es dort ohne Weiteres passieren kann, dass man von wildfremden Menschen am Arm angefasst wird, während sie uns etwas fragen oder uns etwas zum Kauf anbieten möchten. Etwas, das in unseren westlichen Breitengraden im Erstkontakt eigentlich unvorstellbar ist: Es stellt für unser Gefühl zu schnell eine zu große Nähe her. Selbst mit einem freundlichen Gesichtsausdruck ist uns Mitteleuropäern der unerwartet nahe Fremdling einfach unangenehm. Dort jedoch ist es ganz normal.

NÄHE UND DISTANZ IN WESTLICHEN KULTUREN

öffentliche Zone	ab 3,5 m
gesellschaftliche Zone	1,2–3,5 m
persönliche Zone	50 cm–1,2 m
intime Zone	15–50 cm

Auch bei uns gibt es Menschen, die anderen Menschen von Natur aus leichter schneller nahe kommen als andere. Je nachdem, welcher Typ wir sind, mögen wir das oder auch nicht. Es handelt sich hierbei um ein paar wenige Zentimeter, die jedoch durchaus spürbar sind. Kleine Ursache – große Wirkung. Jeder hat seine eigene Intimsphäre, und wir mögen es überhaupt nicht, wenn uns jemand ungefragt zu nahe kommt. Je besser wir einander kennen, umso näher kommen wir uns. Je nachdem, welcher Art die Beziehung ist, gibt es dafür eine bestimmte Zone. Und je höher der Status eines Menschen ist, umso mehr Raum nimmt er üblicherweise ein.

Das Überschreiten dieser unsichtbaren Grenze kann den Gesprächspartner verstimmen und bedrängen. Es kann als Bedrohung empfunden werden und Aggression auslösen, aber auch Vertrauen ausdrücken und die Beziehung festigen. Was machen wir damit nun im Erstkontakt? Schließlich wissen wir ja nicht, was für ein Typ der andere ist. Meist wissen wir ja nicht mal, was für ein Typ wir selber sind (mehr zur Einschätzung von Typen im Kapitel „Welcher Typ bin ich?" auf S. 163).

Die ersten Worte – der Small Talk

So oberflächlich und wenig gehaltvoll der Inhalt des Small Talks auch ist, er gehört zum Kennenlernen einfach dazu wie der Schlüssel zum Schloss und hat eine wichtige Aufgabe: Er ist quasi das Öl im Kommunikationsmotor für die ersten Meter oder Kilometer. Wer ihn beherrscht, kommt elegant und geschmeidig in Kontakt, beruflich wie privat.

Small Talk ist die Fähigkeit, zu reden, ohne etwas Wesentliches zu sagen, und dabei eine positive Stimmung entstehen zu lassen. Er gehört vermutlich zum ersten Praktikumsjahr von Politikern, denn die haben ihn zur Perfektion gebracht.

Geeignete Themen

Üblicherweise wählt man dazu allgemeine Themen, die harmlos dahinplätschern und das Gegenteil von heikel oder anstrengend sind, für die niemand etwas kann, bei denen jeder zustimmen und mitreden kann, z. B. das Wetter oder die Umgebung, in der die Begegnung stattfindet. Nach dem Motto: „Ganz schön heiß heute!" bzw. bei Regen: „So ein Sauwetter!" oder „Nett hier, waren Sie schon öfter hier?" bzw. bei einer Menschenansammlung: „Ja, *hier* geht's ja zu – gibt's hier irgendwas umsonst?"

Der Charme des Small Talks liegt in seiner Belanglosigkeit, mit der man unmerklich und wie zufällig federleicht in Kontakt kommen und sich dabei gegenseitig vorsichtig „abchecken" kann. Der Sinn des Small Talks ist, als „Eisbrecher" über den Austausch von oft ebenso charmanten wie sinnarmen Sätzen einen ersten Kontakt aufnehmen zu können. Wir können damit im übertragenen Sinne sagen: „Hallo, hier bin ich", wir hören die Stimme des anderen, wir beginnen, ersten Augenkontakt aufzunehmen, wir können die Mimik und Gestik des anderen sehen, während er spricht, vielleicht lachen wir das erste Mal gemeinsam.

Es ist eine Art „Vorwärmen", dieser erste Austausch von körpersprachlichen und sprachlichen Blubberblasen. Damit er ungefährlich abgeht, werden dafür gerade die Themen gewählt, zu denen jeder etwas sagen kann, die keiner persönlichen Verantwortung unterliegen und die im Allgemeinen relativ emotionslos empfunden werden. Gemieden werden sollten religiöse, politische und sportliche Themen, denn hier gibt es allzu leicht gefährliche Fettnäpfe.

Der Small Talk ist der Eisbrecher zwischen bislang unbekannten Menschen.

Eine gute Hilfe dabei ist, wenn Sie Ihrem Interesse folgen: Was tut, kann, weiß der andere vielleicht, das Sie interessieren könnte? Dann könnten Sie ihm eine Frage dazu stellen, z. B. im Theater: „Entschuldigen Sie, gehen Sie öfters ins Theater? Haben Sie schon mal ... gesehen?" Oder im Zug: „Entschuldigung, fahren Sie auch nach ...? Waren Sie schon mal dort? Oder wohin fahren Sie?"

Ja, Small Talk ist oberflächlich und wenig gehaltvoll, aber er gehört zum Kennenlernen dazu wie der Schlüssel zum Schloss.

Auf Partys, Empfängen, Besuchen von Geschäftspartnern, bei Kaffeepausen auf Tagungen oder vor und nach Besprechungen wird Small Talk geradezu von uns erwartet. Wenn wir nur wortkarg herumstehen, machen wir vielleicht sogar den Eindruck, als wollten wir mit niemandem in Kontakt kommen. Versuchen Sie's z. B. mal so: „Hallo, Frau Dreier, ich weiß von Ihnen eigentlich nur den Namen und dass Sie in der Buchhaltungsabteilung arbeiten. Darf ich fragen, was Sie eigentlich genau tun?"

Man schlägt für den Small Talk normalerweise einen gut gelaunten Ton an, natürlich nur, wenn der Inhalt etwas Positives ausdrückt. Vielleicht entsteht damit eine gemeinsame „Begeisterung" für irgendetwas. Wenn man über das Verkehrschaos, das Wetter oder die Menschenmenge „jammert", dann vielleicht mit Augenverdrehen und gefolgt von einem Lächeln oder fröhlichen Augenzwinkern. Es soll ja ein positiver Aufhänger sein. Vielleicht haben wir damit einen Verbündeten gegen die Unbilden des Lebens gefunden. Bleiben Sie möglichst im erfreulichen Bereich, denn niemand hat Lust, mit einem Dauermeckerer zu sprechen.

Komplimente machen

Ein Mann kommt nach der Arbeit nach Hause und findet seine Frau nackt im Flur vor dem Garderobenspiegel stehend vor. Mürrisch fragt er: „Was ist denn mit dir los?" Sie erwidert stolz: „Ich war heute beim meinem neuen Frauenarzt und er sagte, ich hätte Brüste wie eine 25-Jährige." Sie dreht und wendet sich mit begeistertem Gesichtsausdruck. Ihr Mann noch verärgerter: „Und von deinem 50-jährigen Arsch hat er nichts gesagt?" Seine Frau erwidert in ungebremster Euphorie: „Nein, von dir haben wir überhaupt nicht gesprochen!"

Es ist wirklich erstaunlich, wie wirkungsvoll kleine, vor allem ehrlich gemeinte Komplimente sind. Laut diversen psychologischen Studien empfinden Menschen, die von einer anderen Person positive Äußerungen über sich selbst hörten, diese als signifikant sympathischer als andere Personen, die dies nicht oder nicht durchgängig taten. Dieser Effekt zeigte sich in dem Experiment interessanterweise auch dann, wenn sich die Menschen der Tatsache voll bewusst waren, dass der Schmeichler möglicherweise Hintergedanken hatte. Interessant ist in dieser Studie auch, dass die positiven Kommentare nicht mal zutreffend sein mussten, um einen Sympathiezuwachs zu erzeugen.

Das heißt also, wir hören es einfach gern, wenn uns jemand etwas Nettes sagt, egal, was und warum, und sind demjenigen dann zum Dank auch besonders „gewogen". Meine Empfehlung ist allerdings, bei den

Komplimenten nicht zu dick aufzutragen, denn dann kommen sie glaubwürdiger beim anderen an. Ideal ist auch, etwas aufzugreifen, das möglicherweise nicht jeder andere hätte sagen können. Ein allgemein dahingesagtes: „Nett haben Sie's hier!" ist also längst nicht so wirkungsvoll, wie ein von Herzen kommendes „Oh, Ihre Ohrringe passen ja genau zu Ihrem Pullover!" Oder: „*Das* ist ja ein witziger Schirm! Da freut man sich ja glatt auf Regenwetter!" oder unter Frauen: „Ihre Jacke finde ich sehr schick, das sieht wirklich gut aus! Die würde mir auch sehr gut gefallen. Wo haben Sie die gekauft?" oder nach einem Einparkvorgang: „Das war ja filmreif, wie Sie in diese kleine Lücke reingekommen sind!"

> **!** **Tipp:** Ehrlich gemeinte Kommentare zum aktuellen Umfeld oder der Person bzw. aus echtem Interesse gestellte Fragen kommen immer gut an.

Bitte sagen Sie grundsätzlich nur etwas, das Sie ehrlich meinen! Die lediglich aus Höflichkeit geäußerten Pseudofreundlichkeiten wirken auf andere aufgesetzt und „schleimig" und haben daher meist gegenteilige Wirkung: Man erzeugt Misstrauen. Also finden wir etwas, das wir wirklich toll finden und – wenn es einigermaßen gesellschaftsfähig ist – sprechen wir darüber! „Dank Ihrer hervorragenden Erklärung habe ich sofort hergefunden, danke noch mal!"

Sehr geeignet für den Kontaktaufbau auf der freien Wildbahn sind auch vom Objekt der Begierde mitgeführte Hunde. „Na, *du* bist ja ein Süßer!", und an den Besitzer gewandt: „Was ist denn das für eine Rasse?" Wer sich mit dem Hund anfreundet, hat meist auch gute Karten bei Herrchen oder Frauchen. Unter Tierfreunden ist es übrigens völlig okay, wenn man erst mit dem Tier und erst dann mit dem dazugehörigen Menschen spricht. Voraussetzung hierfür ist natürlich wieder echte Tierliebe, denn Tiere lassen sich nicht „verschaukeln".

Wir müssen übrigens zu dem begonnenen Small-Talk-Thema selbst nicht wirklich etwas wissen. Es reicht vollkommen, dem anderen eine interessierte Frage zu stellen. Die meisten Menschen lieben es, anderen etwas zu erklären, worüber sie sich auskennen. Das Geschenk, das wir dem anderen mit dem Small Talk machen, ist unser Interesse an ihm und dann unsere ungeteilte Aufmerksamkeit.

Die richtigen Fragen stellen

Wer hat nicht schon mal Bedenken gehabt, mit einem nahezu fremden Menschen dazusitzen und kein gemeinsames Gesprächsthema zu finden. Eine peinliche Stille kann immer mal auftreten, gerade, wenn beide sich nicht kennen. Ein geniales Mittel, um gut in ein Gespräch zu kommen, besteht darin, Fragen zu stellen.

Die am besten geeignete Frageform, um unserem Gegenüber ganze Sätze abzuringen, ist die der offenen Fragen, auch „W-Fragen" genannt. Wir erkennen sie daran, dass sie mit Fragewörtern wie „wer", „wann", „was", „wo", „woher", „wohin", „wie viel", „wie lang" beginnen und nicht mit „ja" oder „nein" beantwortet werden können. Die meisten Menschen sprechen gern über sich und empfinden es daher als angenehm, nach etwas gefragt zu werden. Eine Frage signalisiert immerhin Interesse. Und über sich selbst zu reden ist einfach, schließlich kennt man sich ja schon eine Weile.

Fragen helfen, ins Gespräch zu kommen. Am besten eignen sich dazu „W-Fragen".

Fragen und sprechen Sie also lieber über Ihren Gesprächspartner statt über sich selbst. Erstens erfahren Sie so viel mehr über den anderen und zweitens können Sie schon in kein Fettnäpfchen treten.

Wer fragt, der führt. Jeder kennt diesen Satz. Und er ist wahr. Denn mit unseren Fragen lenken wir das Gespräch. Wir fragen einfach nur das, was wir auch hören wollen – also zu Beginn eines Kontakts möglichst Positives. Wir lenken durch Fragen den Inhalt, aber auch die Stimmung. Zum Beispiel „Wo wohnen Sie? In der Stadt oder mehr außerhalb?" oder „Was tun Sie gern in Ihrer Freizeit, haben Sie ein Hobby?" oder „Wo kommen Sie her?"

Der Sinn des Small Talks ist unter anderem, Gemeinsamkeiten herauszufinden. Gemeinsamkeiten stellen eine weitere Stellschraube der Sympathieerzeugung dar.

STANDARDBEISPIELE FÜR DEN SMALL TALK

- Aktuelle Themen: „Haben Sie gehört, dass das neue Opernhaus nun doch erst nächstes Jahr fertiggestellt wird?"
- Jahreszeit: „Waren Sie dieses Jahr schon im Urlaub?"
- Informationen nach dem Weg oder der Uhrzeit
- Herkunft: „Und wo kommen Sie her, wenn ich fragen darf?"
- Auffälliges: „Was für einen Pokal haben Sie denn da im Regal stehen?"
- Sport (für fast alle Männer geeignet): „Freuen Sie sich auch schon wieder auf die nächste Fußballweltmeisterschaft?" – „Nein? Für welche Sportart interessieren Sie sich denn?"
- Beruf und Privates: „Was machen Sie beruflich?" oder „Und was tun Sie, wenn Sie mal nicht arbeiten?"
- Ehrlich gemeinte Komplimente
- Zigarette oder Feuer
- Wetter

Es gibt natürlich auch No-Gos für den Small Talk. Wenn jemand z.B. ganz offensichtlich in einer akut sehr belastenden oder traurigen Stimmung ist, dann halten wir als Fremder entweder höflichen Abstand, oder, wenn außer uns niemand in der Nähe ist, dann kann man es auch wagen, sehr herzlich das Offensichtliche anzusprechen, in diesem Fall jedoch niemals übers Wetter reden: „Entschuldigen Sie, ich habe gerade mitbekommen, dass Sie geweint haben/hingefallen sind/Ihr Auto stehen geblieben ist." Oder harmloser: „Sie schauen so bedrückt – kann ich Ihnen vielleicht irgendwie helfen?" Ob der andere unser Angebot annehmen kann, bleibt natürlich ungewiss, aber es ist eine herzliche Geste und wird uns sicherlich nicht übel genommen.

ÜBUNG: SMALL TALK TRAINIEREN

Sprechen Sie in der nächsten Zeit „Halb-Bekannte" an und üben Sie Small Talk, z. B. im Treppenhaus Ihres Wohnhauses oder Büros, mit dem entfernten Nachbarn aus Ihrer Straße, im Bus oder Zug, beim Bäcker, im Wartezimmer oder mit noch unbekannten Kollegen.

Aktives Zuhören

Und was machen wir, nachdem wir eine Frage gestellt haben? Natürlich hören wir zu, und zwar mit Haut und Haar und unserer ganzen Konzentration! Wer langsam geübter wird, kann nicht nur die Worte hören, sondern auch zwischen den Zeilen die Atmosphäre herauslesen und spüren, wie unser Gegenüber gerade drauf ist: Ruhig? Gestresst? Weich? Kühl? Offen? Oder noch distanziert? (Mehr dazu im Kapitel „Stimme und Sprachtechnik" auf S. 123.) Aktives Zuhören ist eine Art des Zuhörens, bei der unser Gegenüber sicher sein kann, dass wir ihm unsere ganze Aufmerksamkeit schenken. Dies ermutigt ihn, weiterzusprechen und sich dabei wohlzufühlen.

Was ist nun aktives Zuhören? Es ist viel mehr, als einfach nur jemanden unser Ohr zu leihen. Durch interessierten Blickkontakt, durch gelegentliches Kopfnicken, durch kleine „ölende" Worte wie „aha", „ach!", „interessant", „tatsächlich?", „hm", „stimmt!", „ja", „verstehe" oder „genau" flutscht das Gespräch wesentlich besser, als wenn wir einfach nur stumm dasitzen, während der andere spricht. Auf diese Weise spricht unser Gegenüber nachgewiesenermaßen nicht nur länger, sondern fühlt sich auch wesentlich besser aufgehoben und erzählt daher oft auch „intimere" Aspekte seines Lebens, seiner Erwartungen, Vorstellungen oder Ziele. Es kann auf diese Weise zwischen uns Offenheit entstehen. Das ist etwas sehr Zartes, Verletzliches und Besonderes.

ÜBUNG: AKTIV ZUHÖREN

Probieren Sie im Freundeskreis einmal aus, was passiert, wenn Sie im Zweierkontakt, während der andere mit Ihnen spricht, einfach nur stumm dasitzen, ihm *nicht* zunicken und auch den Augenkontakt minimieren. Der Bekannte wird vermutlich sehr schnell irritiert sein, sein Erzählfluss kommt ins Stocken und er wird Sie eventuell sogar darauf ansprechen. Klären Sie ihn anschließend unbedingt auf, warum Sie sich so verhalten haben.

Umgekehrt können Sie einmal probieren, im Zweierkontakt mit freundlichem Augenkontakt vermehrt zu nicken und in interessiertem oder auch begeistertem Ton „schmierende" Worte zu verwenden.

Kontakt mit Gruppen herstellen

Gerade als Alleinreisender im Urlaub haben wir ja manchmal die Situation, dass wir uns neben Grüppchen wiederfinden, die sich bereits zu kennen scheinen. Wäre es nicht schön dazuzugehören? Doch wie können wir mit einer Gruppe Small Talk betreiben, um den Kontakt aufzubauen? Wir könnten uns z. B. in die Nähe stellen und ein bisschen zuhören, wovon die Menschen sprechen. Und uns dann bei passender Gelegenheit nähern und sagen: „Entschuldigung, ich habe gerade unfreiwillig mitbekommen, dass Sie sich über Italien unterhalten haben. Dort möchte ich nächstes Jahr gern hinfahren. Haben Sie vielleicht einen Tipp für mich, wo es besonders schön ist?"

Um sich auf Gruppen einzustimmen, ist es erforderlich, zunächst die Stimmung und das Niveau der Menschen zu erfassen und dies dann aufzugreifen. Sind die Menschen z. B. recht heiter, kommen wir bei ihnen mit einer humorvollen Bemerkung am weitesten.

Irgendwann wird aus dem Small Talk fast unmerklich ein richtiges Gespräch. Meistens jedenfalls. Falls wir uns gegenseitig bisher nicht kennen, steht es nun an, dass wir uns vorstellen.

Sich vorstellen

Falls ein Kontakt über den Small Talk begonnen hat, stellen wir uns erst nach einer Weile vor. Bei beruflich organisierten Terminen ist es hingegen oft so, dass wir uns bereits gleichzeitig mit dem ersten Handschlag kurz namentlich vorstellen. Was sagt man nun in diesen Momenten?

Im privaten Bereich, sei es auf einer Reise oder bei einem zufällig entstandenen Kontakt, sagen wir irgendwann ganz zwanglos z. B.: „Ich heiße übrigens ..., und Sie?" und die Sache ist erledigt.

Eine weit verbreitete Unart ist es, den eigenen Namen schnell und undeutlich hinzuhudeln, sodass unser Gegenüber nur wenig Chancen hat, ihn wirklich zu verstehen. Aus Höflichkeit oder Peinlichkeit fragt er oft nicht nach. Es ist damit vorprogrammiert, dass er die vernommenen Namensfragmente sofort wieder vergisst. Seine Stimmung in Bezug auf uns dürfte nach diesem missglückten Informationsaustausch auch bereits mit einem Fragezeichen versehen sein.

Passiert uns das übrigens umgekehrt, ist es wirklich anzuraten, sofort ganz herzlich nachzubohren: „Entschuldigung, jetzt habe ich Ihren Namen nicht genau verstanden. *Wie* heißen Sie?" Und dann gut aufpassen und sich den Namen einprägen! Er ist wichtig und sollte im Gespräch später ruhig ab und zu mal verwendet werden. So können wir ihn uns leichter merken, und unser

> Verstehen Sie den Namen Ihres Gegenübers nicht sofort, fragen Sie ruhig noch einmal nach.

Gesprächspartner fühlt sich immer wieder persönlich angesprochen. Doch bitte auch damit nicht übertreiben.

Wir alle kennen, was den Namen betrifft, die James-Bond-Methode: „Mein Name ist Bond, James Bond." Durch die Wiederholung wird es wahrscheinlicher, dass jemand unseren Namen behält. Es ist natürlich auch möglich, einfach so Vornamen und Nachnamen zu nennen: „Ich heiße Emilie Notteboom. Und Sie?" Es wird sofort persönlicher und menschlich einprägsamer, wenn wir unseren Vornamen dazusagen.

Das zuletzt Gesagte kann sich der andere am besten merken. Kommt also eine Firmenbezeichnung hinzu, können wir mit der Reihenfolge steuern, ob sich unser Gegenüber leichter an die Firma oder an unseren Namen erinnern wird. Die Vorstellung: „Notteboom, Firma Schmitt-Schulze, angenehm!" führt daher oft dazu, dass man im späteren Verlauf versehentlich Frau Schmitt-Schulze genannt wird. Möchten wir, dass unser Name im Gedächtnis bleibt, ist also die Reihenfolge: „Firma Schmitt-Schulze, mein Name ist Emilie Notteboom" zu wählen. Oder, wenn Sie das Persönliche besonders herausstellen möchten: „Firma Schmitt-Schulze, mein Name ist Notteboom. Emilie!"

Das zuletzt Gesagte bleibt im Ohr des Gegenübers hängen. Sagen Sie also im beruflichen Umfeld zuerst den Firmennamen und dann Ihren eigenen, am besten mit Vornamen.

Vielleicht eignet sich Ihr Name ja für einen heiteren Zusatz, z. B. nach Heinz Rühmann: „Pfeiffer mit drei F – eins vor dem Ei und zwei nach dem Ei", oder „Blume wie die Blume, meist ohne Stacheln" oder „Weber, wie die Leber, nur mit W". Vielleicht haben Sie ja auch Lust, ein klitzekleines bisschen in die Genealogie (Familienforschung) einzusteigen und herauszufinden, wo Ihr Familienname eigentlich herkommt? Aber ersparen Sie Ihrem Gegenüber unbedingt stundenlange Monologe über die Herkunft Ihrer Ahnen! Es geht nur darum, einen kurzen, interessanten Satz zu entwickeln, der eben etwas „anders" ist als nur ein hingeworfenes „Meier!"

Was machen *Sie* eigentlich so?

Im beruflichen Bereich geht es meist auch darum, neben der Firma die eigene Position zu nennen. Also: Wer sind wir, was machen wir, wo wollen wir hin? Sich selbst vorzustellen auf eine Weise, die der Situation angemessen ist, die uns selbst authentisch, sympathisch und kraftvoll darstellt, ohne zu ausschweifend oder gar arrogant rüberzukommen, das ist eine Kunst, die nicht viele beherrschen.

Manche Menschen halten es für angeberisch, die berufliche Position positiv darzustellen und die eigenen Fähigkeiten zu nennen. Oftmals ist es sogar zu allem Überfluss noch damit gepaart, dass sie mit einer abwinkenden Handbewegung ihre Tätigkeit kleinreden, einen guten Posten abwiegeln, verlegen lachen oder von ihren Schwächen berichten. Warum tun Menschen das? Weil wir zu Bescheidenheit erzogen wurden, ganz besonders die Frauen unter uns. Wir wollen viel lieber gemocht werden als aufgrund unserer Kompetenz geachtet oder gar gefürchtet. Und wir glauben, wenn wir jemandem unsere Stärken präsentieren, dann könnten wir dabei Sympathiepunkte verlieren.

> Sich selbst authentisch, sympathisch und kraftvoll vorzustellen, ohne arrogant rüberzukommen, ist eine Kunst.

Natürlich kommt es sehr stark darauf an, in welchem Umfeld so ein Treffen stattfindet. Im beruflichen Zusammenhang ist es geradezu lebensnotwendig, sich selbst kompetent darzustellen, sonst bekommen wir nie ein Bein auf den Boden. Wer, glauben Sie, wird im Zweifelsfall innerhalb einer Firma eher für eine interessante Position gehandelt: der sympathisch-harmlose oder der kompetent-selbstbewusst wirkende Kollege? Vielleicht hat der Sympathische nur niemandem erzählt, was er alles kann und täglich macht, weil er bescheiden bleiben wollte. Schade für alle, denn jeder wünscht sich einen sympathischen und kompetenten Kollegen oder Chef. Wir bringen uns mit einem vermeintlich bescheidenen Understatement beruflich selbst ins Aus.

Eine neue Begegnung ist eine Chance, genau *das* nicht zu tun. Wir können hier und jetzt aktiv dazu beitragen, wie dieser neue Mensch uns sieht. Also nutzen wir sie und outen uns doch mit den Fakten, die wir selbst sympathisch, kompetent und erfreulich an uns selbst finden. Warum nicht auf selbstbewusste, gut gelaunte Weise erwähnen, worin unsere tägliche Aufgabe besteht, was unser Spezialgebiet ist, wofür wir uns besonders interessieren und begeistern können und vielleicht auch, was unser langfristiges Ziel ist? Sonst erfährt es ja niemand. Was wir auch sagen, es sollte kurz und kompetent klingen. „Wir bieten Unternehmen maßgeschneiderte Personallösungen. Mein Aufgabenbereich ist die Schnittstelle zwischen Firmenkunden und Bewerbern. Ich finde es super, ständig mit neuen Menschen zu tun zu haben und beiden Seiten weiterhelfen zu können. Und was machen Sie?"

Wir bringen uns mit einem vermeintlich bescheidenen Understatement beruflich selbst ins Aus.

Natürlich ist es ein Unterschied, ob wir bei einem Waldspaziergang einen anderen Jogger kennenlernen und diesem erzählen, was wir tun, oder ob sich das Gespräch im Foyer vor einer großen Firmenpräsentation entwickelt. Kompetent sollte es immer klingen, denn wir wissen ja nicht, wer der andere ist und welche hochbrisanten Möglichkeiten – auch beruflich – sich aus dieser Zufallsbekanntschaft ergeben könnten.

Im eindeutig beruflichen Zusammenhang der Begegnung gehört sicherheitshalber immer der Nutzen unserer Aufgabe dazu, wer also genau was davon hat, dass wir das tun, was wir tun. Besonders genial hierbei ist es natürlich, wenn wir die Beschreibung unserer Tätigkeit ein bisschen an das vermutete Interesse unseres Gegenübers anpassen können. Im Gespräch mit einem noch unbekannten Geschäftspartner könnten wir z. B. sagen: „Ich bin Rechtsanwältin. Ich habe mich auf Arbeitsrecht spezialisiert. Gerade habe ich z. B. einen Fall, wo ein Unternehmen verklagt wird, weil es bei der Bewerbungsabsage eine falsche Formulierung wählte. Und was machen Sie so?" Das könnte den Unternehmer vor uns möglicherweise sehr interessieren, weil es ihn selbst betreffen könnte.

Diese Selbstpräsentation sollte grundsätzlich kurz und knackig bleiben, zwei bis drei Sätze umfassen und dann in eine Frage nach dem Gegenüber münden. Dann wirkt es nicht aufgeblasen und selbstherrlich, sondern sympathisch, offen und interessiert. „Was machen Sie eigentlich so?" – „Oh, ich bin bei Schallgruber und Söhne Human Ressource Manager und dafür verantwortlich, dass Mitarbeiter und Führung das Beste aus sich herausholen. Es macht mir großen Spaß. Irgendwann möchte ich mich vielleicht mit den Coachings und Trainings in diesem Bereich selbstständig machen. Und was machen Sie?"

Auf Nachfragen des Gegenübers können wir natürlich etwas mehr von uns erzählen. Hauptsache, wir bleiben dabei positiv und werden nie langatmig. Nach ein paar Sätzen und maximal 30 Sekunden sollte immer mal wieder eine Gegenfrage unsererseits kommen, um das Gespräch gleichberechtigt und ausgewogen zu halten.

ÜBUNG: SICH IN VERSCHIEDENEN FELDERN VORSTELLEN

Erarbeiten Sie sich für Ihre Tätigkeit aus drei verschiedenen Blickwinkeln drei verschiedene Möglichkeiten der Vorstellung: eine für eine private Bekanntschaft, eine für Ihr berufliches Umfeld, eine für eine Bewerbungssituation.

Wo kommen Sie her?

Wie oft wird man von neuen Bekanntschaften danach gefragt! Die Frage ist so sicher wie das Amen in der Kirche. Und wer nutzt diese gut gemeinte Frage, um ein Gespräch in Gang zu kriegen? Die wenigsten. Wenn Sie gefragt werden, wo Sie herkommen, ist das eine gute Gelegenheit, auf nette Art etwas mehr zu sagen als „München" oder „Wetzendorf". So eine Antwort ist für den Frager, der gerade versucht hat, mit Ihnen ins Gespräch zu kommen, nicht gerade eine Steilvorlage, sondern schon fast ein Gesprächskiller. Was soll er darauf antworten?

Sie könnten – vielleicht jetzt gleich – mal Ihren Wohnort googeln und nach einer witzigen Tatsache oder interessanten Hintergrundinformationen suchen, z. B. in Bezug auf Historisches, Wirtschaftliches, Politisches oder auf Geografie. Wenn Sie auf diese Weise ein gewisses Repertoire an Kurzsätzen über Ihren Wohnort haben, sind Sie sogar flexibel genug, um ein Thema – je nach Ansprechpartner – zu wählen und es ihm zum Wohnort dazu gezielt als Häppchen anzubieten, aus dem sich ein weiteres Gespräch entwickeln kann.

Zum Beispiel auf einem Kongress, Thema Wirtschaft: „Ich komme aus … Fast niemand weiß, dass es diesen Ort schon im Mittelalter gab und dass damals die Handwerkskunst im Ort ihren Anfang nahm. Noch heute gibt es hier außergewöhnlich viele …" Oder auf einer Vernissage, Thema Kunst: „Ich wohne in … – übrigens der Geburtsstadt von … (Künstler)". Oder im Museum, Thema Geschichte: „Ich komme aus … Der Ort wurde übrigens nach … benannt, der 1527 eine entscheidende Schlacht gegen … gewonnen hat. Und welche Schlachten gewinnen *Sie*?"

 Tipp: Sagen Sie auf die Frage, was Sie so machen oder wo Sie herkommen, nie nur die nackte Berufsbezeichnung oder Ihren Wohnort! Bieten Sie Ihrem neuen Bekannten ein bisschen mehr Infos, zu denen er eventuell auch etwas sagen kann.

Und ganz wichtig: Vermeiden Sie Fachbegriffe und Fremdwörter, außer Sie können davon ausgehen, dass Ihr neuer Kontakt aus der gleichen Branche ist wie Sie. Ansonsten versteht er Ihre Botschaft nur lückenhaft und kommt sich blöd vor, weil sich ihm der Sinn Ihres Satzes nicht erschließt. Niemand mag Menschen, in deren Nähe man sich blöd fühlt. Also ersparen Sie Ihrer neuen Bekanntschaft dieses hässliche Gefühl!

Themenwechsel

Wollen wir das Gespräch in konstruktive Bahnen lenken, empfiehlt sich folgender Leitsatz: Positives verlängern, Negatives ignorieren. Spricht also unser Gesprächspartner über ein Thema, das uns – warum auch immer – unangenehm ist, uns auf dünnes Eis führt oder schlicht und einfach schlechte Stimmung macht, weil es etwas Negatives ist, so sprechen wir konsequent über das, was konstruktiv ist, und ignorieren den anderen Teil der Aussage. Auch wenn dieser Tipp merkwürdig klingt, funktioniert diese Methode in den meisten Fällen sehr gut. Unser Gegenüber spricht z. B. von „halb leer", wir von „halb voll".

> Wollen wir das Gespräch in konstruktive Bahnen lenken, empfiehlt sich: Positives verlängern, Negatives ignorieren.

Unser Gegenüber: „So, Frau Schneider, schön, dass Sie heute erstmalig persönlich vorbeikommen. Ich sagte Ihnen ja schon am Telefon, Ihr Angebot gefällt mir wirklich gut, nur der Preis ist leider völlig indiskutabel!" Wenn man schon an dieser Stelle über den Preis spricht, verpasst man die Gelegenheit, seine Position zunächst auszubauen. Frau Schneider könnte hier kontern mit „Ich freue mich auch, Sie endlich mal persönlich kennenzulernen und dass Ihnen mein Angebot gefällt." Sie strahlt. „Das ist doch schon mal ein hervorragender Anfang! Bevor wir uns genauer darüber unterhalten, eine Frage: Was genau hat Ihnen denn daran besonders gefallen?"

Oder eine Reisebekanntschaft: „Ach, diese öffentlichen Verkehrsmittel im Ausland sind oft so gnadenlos überfüllt! Man ist eingequetscht zwischen all den Menschen, die Luft ist zum Schneiden, es ist einfach schrecklich." Ihre Antwort, mit mitfühlendem Lachen: „Ja, das ist wahr, ein bisschen Abstand ist für uns Mitteleuropäer wie die Luft zum Atmen. Wissen Sie, wo die Menschen noch mehr Distanz brauchen als wir, um sich wohlzufühlen? In den nördlichen Ländern wie Norwegen, Schweden. Interessant, nicht wahr?"

Gemeinsamkeiten finden

Das Empfinden von Ähnlichkeit gehört zu den wichtigsten Stellschrauben für gegenseitige Sympathie. Wie können wir das Gefühl von Ähnlichkeit erzeugen?

Zum einen ist es eine Tatsache, dass wir Gemeinsamkeiten finden, wenn wir nach ihnen suchen. Und wenn es der kleinste gemeinsame Nenner ist und zunächst nur wir ihn erkennen: *Das* ist unser Aufhänger! Im Umfeld unseres Gegenübers ist es leichter als auf neutralem Boden. Falls wir uns also im Büro unseres Gesprächspartners wiederfinden, sollten wir dort alles sehr genau mustern: von den Bildern, Fotos oder einem Kalender (von einer griechischen Insel, auf der Sie auch schon waren?) an den Wänden, über die Einrichtung, die Bücher, Ordner mit Aufschriften (gibt das inhaltlich etwas her?) bis hin zu den Pflanzen (haben Sie vielleicht die gleiche zuhause?), dem Teppich, der Dekoration oder dem Hund unterm Tisch. Vielleicht die Uhr am Handgelenk, ein Anhänger an der Halskette, der Autoschlüssel mit einem Hinweis auf die Marke, eine Urkunde oder Auszeichnung für eine bestimmte Leistung (in welchem Bereich?) im Regal, das Handy, und vieles mehr. Wer sucht, der findet.

Eine Ähnlichkeit muss nicht etwas sein, das wir in identischer Form zuhause haben. Es reicht, wenn wir ein gemeinsames Interesse finden oder einen gleichen Geschmack, vielleicht etwas, das wir uns auch beinahe einmal zugelegt hätten, wäre da nicht etwas dazwischengekommen. Gemeinsame Hobbys, Interessen, Fußballclub, die Art, Urlaub zu machen usw. können ein idealer Aufhänger sein, um zwanglos in ein sympathisches Gespräch zu kommen, in Folge dessen wir den anderen näher kennenlernen können.

Wie oft habe ich mich gefreut, wenn ich bei Kunden eingeladen war und im Vorbeigehen im Bücherregal ein paar Titel erkannte, die ich auch schon gelesen hatte. Sofort können wir erwähnen: „*Das* ist ein schönes Buch, das hab ich auch schon mal gelesen!" oder „Ich sehe, Sie interessieren sich fürs Segeln ..." Oft ist es nicht mal nötig, das gemeinsame Interesse an dieser Stelle anzusprechen. Manchmal ist es sogar geschickter, die (heimlich erkannte) Gemeinsamkeit später wie nebenbei ins Gespräch einfließen zu lassen, sodass unser Gegenüber diese „zuerst" bemerkt. Gemeinsamkeiten lassen sich immer finden, wenn wir danach suchen.

Haben Sie z. B. im Bücherregal Ihres Gegenübers mehrere Bücher über Kräuter, Kochen, gesunde Ernährung entdeckt, so könnten Sie im Gespräch an einer passenden Stelle wie nebenbei erwähnen, dass Sie sich für Gesundheit und Ernährung interessieren. Natürlich nur, wenn es auch der Wahrheit entspricht. Auf diese Weise nimmt der Gesprächspartner Sie als Gleichgesinnten wahr.

Ähnlichkeiten können aber auch erzeugt werden, wie beim Spiegeln der Körpersprache, der Sprache, der Geschwindigkeit, der Lautstärke usw.

Stimme und Sprechtechnik

Der Ton macht die Musik, heißt es so schön. Wir wissen alle: Im richtigen Ton können wir fast alles sagen. Und im falschen fast nichts. Viele unterschätzen die Macht der Stimme. Doch sie ist fast ein genauso wichtiges Instrument unserer Kommunikation wie die Körpersprache, die Mimik und die Gestik. Wie wir wissen, hängen immerhin 38 % des Erfolgs unserer Aussagen von Stimme und Sprechtechnik ab. Hierzu gehören: die Lautstärke, Tonhöhe und Klangfärbung, die unsere Stimmung und auch unsere Gefühle unserem Gesprächspartner gegenüber ausdrückt. Spricht jemand leise oder undeutlich, wird es sehr anstrengend und auf Dauer unangenehm, ihm zuzuhören. Die Stimmqualität eines Gegenübers kann uns aber auch magisch in ihren Bann ziehen. Frauen mögen bei Männern z. B. gern eine tiefe, warme Stimme.

Umgekehrt mögen Männer bei Frauen eine weiche, warme Stimme, die nicht zu hoch und nicht zu tief ist.

Die meisten sprechen im Vergleich zu ihrer eigentlichen Stimme etwas zu hoch. Je angespannter oder gestresster wir sind, umso schneller, verspannter und meist auch höher wird unsere Stimme. Es gibt Frauen, die piepsen geradezu. Je höher die Stimmlage, umso mehr schaltet das Gegenüber auf „Kinder-Modus" um: Je nach Typ kann das Fürsorglichkeit oder Schongang bedeuten, aber auf jeden Fall wird man kaum noch ernst genommen – es ist also nicht empfehlenswert!

ÜBUNG: DIE EIGENE STIMME TESTEN

Probieren Sie es doch mal aus: Wie hört und fühlt sich Ihre Stimme an, wenn Sie ganz entspannt bis zehn zählen und dabei von einer leicht überhöhten Stimmlage immer langsamer und auch etwas tiefer werden?

Ab einer bestimmten Tiefe wird die Stimme brüchig und schwach, der Hals eng. Wenn Sie nun wieder die Frequenz langsam nach oben fahren, dann spüren Sie, in welcher Stimmlage Sie sich am heimischsten fühlen und Ihre Stimme am vollsten klingt. Das ist Ihr Eigenton.

Nun probieren Sie die Qualitäten aus. Wie klingt es, wenn Sie sachlich und kühl bis zehn zählen, wie klingt es, wenn Sie dasselbe warmherzig und sanft tun? Finden Sie auch hier – je nach Gesprächspartner – Ihre persönliche Stimmqualität heraus. Es drückt für unser Gegenüber mehr aus als tausend Worte.

Mit der Lautstärke verhält es sich ähnlich. Introvertierte Menschen sprechen meist leiser als extravertierte. Je leiser wir sprechen, umso mehr müssen wir darauf achten, deutlich und akzentuiert zu reden, um noch gehört und verstanden zu werden. Wer ständig leise spricht, wirkt auf andere schnell unsicher, inkompetent und scheu. Sehr laut zu sprechen kann auf andere ebenfalls unangenehm wirken, dominant, unsensibel, eventuell überheblich oder sogar aggressiv.

Wir haben die Möglichkeit, in verschiedener Tonhöhe, emotionaler Qualität und Lautstärke zu sprechen – und jedes Mal sagt der gleiche Satz etwas völlig anderes aus. Wie so oft ist die goldene Mitte empfehlenswert. Wenn Sie Ihre persönliche Mitte herausfinden wollen, sprechen Sie doch einfach mal das Wort „du" vom Flüsterton bis hin zu Ihrer lautesten Version mehrfach aus, langsam immer lauter, jedoch noch ohne zu schreien – und wieder zurück zum geflüsterten Wort. Wenn Sie nun wieder lauter werden, spüren Sie, welche

Wir können in verschiedener Tonhöhe, emotionaler Qualität und Lautstärke sprechen – und jedes Mal sagt der gleiche Satz etwas anderes aus.

Lautstärke Ihre „mittlere" ist. Trotzdem sollten Sie während des Sprechens die Lautstärke ab und zu etwas variieren, denn das macht es für andere abwechslungsreicher und interessanter, uns zuzuhören.

Genauso verhält es sich mit Pausen. Wer ohne Punkt und Komma spricht, erzeugt sehr bald eine Art Trance bei seinem Zuhörer. Dieser schweift nach kurzer Zeit ab und ist in Gedanken ganz woanders. Wenn wir möchten, dass man uns wirklich zuhört ist es wichtig, ab und zu auch Pausen zu machen. Eine kurze Pause von etwa einer halben Sekunde vor einem Wort erhöht die Spannung und Konzentration unseres Zuhörers, das Wort nach der Pause wird als besonders wichtig wahrgenommen, z. B.: „Wenn Sie nur ..." – Pause – „... einmal in dieser Achterbahn mitfahren, das vergessen Sie nie mehr!"

Wer einfach so losredet, bekommt nicht die maximal mögliche Aufmerksamkeit. Wesentlich mehr Gewicht erreichen unsere Sätze, wenn wir die Zwei-Sekunden-Schweigeregel anwenden, bevor wir sprechen. Während dieses Momentes ist es wichtig, einmal tief ein- und wieder auszuatmen und sich ganz kurz auf sich selbst zu besinnen – auf unsere Menschenliebe und unsere eigenen, persönlichen Stärken. Noch während der Ausatmung oder direkt danach nehmen wir Augenkontakt zu unserem Gesprächspartner auf und lächeln ihn direkt an. Erst jetzt sprechen wir. Diese Sequenz dauert etwa zwei bis drei

Sekunden, erzeugt eine gewisse Spannung und verleiht dem, was wir nun sagen, ein weitaus größeres Gewicht, als wenn wir einfach drauf losgeplaudert hätten.

Geheimtipp: Der Gute-Laune-Faktor

Was wir sagen (Worte und Inhalt) macht ja nur schlappe 7 % der Wirkung auf andere aus. Unglaublich, oder? In unserer Stimme jedoch schwingt sehr viel mit, z. B. unsere Gefühle und unsere allgemeine Stimmung, aber auch unser Verhältnis zu unserem Gesprächspartner. Zur Erinnerung: Immerhin 38 % der Kommunikation kommen über den Klang unserer Stimme bei anderen an, der Rest ist Körpersprache. Das *Wie* beim Reden ist also neben der Körpersprache eines der wichtigsten Instrumente der Kontaktaufnahme – und das gilt ganz besonders für den Erstkontakt, bei dem der andere uns innerhalb der ersten Minuten als „Freund" oder „Feind" einschätzt.

Zu diesem Wie gehört besonders auch der Klang unserer Stimme, mit dem wir zum einen ausdrücken, wie wir gerade drauf sind, und zum anderen, was wir vom anderen halten. Diese emotionale Komponente der Kommunikation ist es, die oft die Ursache für Missverständnisse ist, und die der andere meist auch sehr persönlich nimmt. Und genau hier liegt eine enorme Macht für uns, den ersten Eindruck perfekt zu gestalten.

Die meisten Menschen sind in ihrem Alltag ziemlich „unter Strom" und oft aufgrund ihrer eigenen Lebenssituation mehr oder weniger belastet. Was also die wenigsten brauchen können, ist jemand, der eine negative, müde, kritische, langweilige, kühle oder ausdruckslose Stimmung verbreitet, denn davon haben sie selbst mehr als genug.

Klingen Sie nach guter Laune? Miesepeter und Jammerlappen empfindet niemand als Bereicherung. Wir hören es sofort, ob jemand unter Zeitdruck ist, genervt, kühl und distanziert, herzlich, deprimiert oder gut gelaunt. Und es ist eines der erstaunlichsten Wirkungselemente – gerade im Erstkontakt –, wenn wir gute Laune rüberbringen. Ich meine damit nicht, dass wir in den ersten drei Minuten einen Witz erzählen sollten! Es geht hier um den Ton, in dem wir den anderen ansprechen.

Mit einem ausgeschlafenen, beschwingten, fröhlichen Gute-Laune-Ton erzielen wir beim anderen sofort und unweigerlich einen super Eindruck. Bei ihm geht quasi im Grau seines Alltags ganz plötzlich die Sonne auf. Gemeinsam mit einem strahlenden, natürlichen Lächeln und dem freundlichen Augenkontakt wirkt die gute Laune daher geradezu magisch auf den anderen. Jeder freut sich über diese positive Ausstrahlung, denn sie wirkt unglaublich ansteckend. Wer könnte nicht ein bisschen was an guter Laune brauchen? (Aufgepasst allerdings bei Menschen, die ganz offensichtlich sehr geknickt oder extrem schlecht gelaunt wirken – da passt eine sprühende Fröhlichkeit nicht. Mehr dazu im Kapitel „Die Grenzen des Spiegelns" auf S. 181.)

> Mit einem ausgeschlafenen, beschwingten, fröhlichen Gute-Laune-Ton erzielen wir unweigerlich einen super Eindruck.

Das Tollste daran ist, dass gute Laune immer in zwei Richtungen wirkt: nach innen und nach außen. Vielleicht haben Sie sich gerade gedacht: „Ja, aber wenn ich vielleicht gerade gar keine gute Laune habe?" Denn nicht immer sind wir in so bombastischer Stimmung, dass sie uns förmlich aus den Ohren quillt, stimmt's? Dann ist meine Empfehlung folgende: Geben Sie sich einen Ruck und tun Sie einfach einen Moment so, als wären Sie gut drauf! Spielen Sie es, so gut Sie können. Wenn Sie das nur ein paar Minuten durchhalten, werden Sie erstaunt feststellen: Ihre schlechte Laune ist verflogen und Sie sind tatsächlich wesentlich besser drauf. Und da es außerordentlich ansteckend ist, haben Sie sich wie nebenbei einen gut gelaunten Mitmenschen „gebastelt".

Natürlich soll das keine Anleitung zur Verdrängung Ihrer vielleicht gerade unerfreulichen Stimmung sein – ich als Psychologin möchte Sie natürlich nicht verleiten, das immer so zu handhaben, wenn es Ihnen gerade schlecht geht. Denn alle Gefühle möchten gespürt und geachtet werden, damit sie nicht irgendwann geballt hochkommen und uns um die Ohren fliegen. Aber wir sprechen ja hier über einen guten Ersteindruck. Und den können wir mit kaum etwas so effektiv positiv beeinflussen wie mit guter Laune. Probieren Sie's doch einfach gleich mal aus. Es kostet nichts und ist ganz leicht.

ÜBUNG: SICH SELBST IN GUTE LAUNE VERSETZEN

Tun Sie einfach mal für zwei Minuten so, als wären Sie in einer richtig guten Stimmung! Vielleicht vor dem Spiegel. Mit Ihrem ganzen Gesichtsausdruck, Ihrer Körperhaltung und Ihrer Stimme. Lesen Sie sich irgendetwas laut und vergnügt vor, so, als wären Sie in allerbester Laune, und prüfen Sie danach, was sich stimmungsmäßig verändert hat – jetzt! Strahlen Sie – geben Sie alles!

Gute Laune zu haben oder zu bekommen ist eine Fähigkeit, die sich lohnt zu erlernen. Nicht nur für die anderen, sondern zuallererst für uns selbst. Wenn man Gute-Laune-Menschen fragt, wie sie es anstellen, fast immer bester Stimmung zu sein, haben sie meist einiges gemeinsam. Erstens nehmen Sie die Widrigkeiten des Lebens weder persönlich noch allzu ernst. Es geht was schief? Okay, so was passiert eben ab und zu und: es gibt Schlimmeres. Ein unerwartetes Problem tritt auf? Das ist eine Gelegenheit, kreativ zu werden. Jemand kommt ihnen blöd? Wer weiß, was der arme Mensch für einen schrecklichen Tag hatte.

Und zweitens konzentrieren sie sich mehr auf die positiven Seiten ihres Lebens. Was also alles erfreulich war, ist oder sein wird, selbst bei sogenannten negativen Ereignissen. Eine Sache hat einen Haken? Nur einen? Das ist ein gutes Zeichen! Das Auto bleibt stehen? Wie berührend, dass mir wildfremde Leute geholfen haben. Ich habe eine

Erkältung erwischt? Unglaublich, das war seit einhalb Jahren die erste – was habe ich für eine stabile Gesundheit!

Wir kennen alle den Begriff „halb leer oder halb voll", der besagt, dass wir Situationen immer entweder von der negativen oder auch von der positiven Seite aus betrachten und bewerten können. Und uns dementsprechend fühlen. Ein besonders wirkungsvoller Trick, selbst schlimmste Lebensumstände positiv zu verarbeiten und daran zu wachsen, besteht darin, sich zu fragen: Welchen positiven Sinn könnte diese Situation für mich haben? Was könnte ich genau aus diesem Schlamassel Wertvolles und Konstruktives lernen?

Dingen einen positiven Sinn zu geben ist eine Fähigkeit, die uns im Laufe unseres Lebens trotz schlimmster Schwierigkeiten nicht nur Stärke, sondern auch Weisheit und Tiefe schenkt, anstatt zu verbittern. Wir können auf diese Weise Probleme als Herausforderungen sehen, die uns weiterbringen, Krisen als wertvolle Chancen und Widerstände als Geschenke des Himmels, nicht weiter in die falsche Richtung zu gehen.

ÜBUNG: GUTE-LAUNE-HILFE

Nehmen Sie sich doch ein paar Minuten Zeit und überlegen Sie, was in Ihrem Leben bisher alles gut gelaufen ist und warum Sie sich als Glückspilz bezeichnen könnten, wenn Sie dies tun wollen. Was ist Ihnen alles leicht gefallen, was wurde Ihnen vom Leben geschenkt? Wofür können Sie dankbar sein? Was haben Sie sich erfolgreich erarbeitet? Wer zählt zu Ihren Freunden? Wer liebt Sie? Wen oder was können Sie lieben? Was aus den Bereichen Beruf, Freizeit, Familie, Gesundheit, Finanzen, Partnerschaft läuft gut? Und was können Sie anhand Ihrer Probleme Wertvolles lernen?

Wenn wir uns selbst mögen, den anderen und unser Leben, dann haben wir eine geradezu magische Anziehungskraft auf andere. Es ist wie eine unsichtbare Medizin für die Seele, die viele brauchen.

DIE GLEICHUNG FÜR DEN PERFEKTEN ERSTEN EINDRUCK

Eigenliebe
+ Menschenliebe und ehrliches Interesse am anderen
+ Gute-Laune-Faktor
= toller, erster Eindruck!

Redeanteil

Fragt ein Mann den anderen: „Magst du lieber die Frauen, die viel reden, oder die anderen?" – Der andere: „Welche anderen?"

Manche Menschen reden vom ersten Moment an wie ein Buch – ohne Punkt und Komma. Andere kriegen den Mund kaum auf. Wir sind eben einfach unterschiedlich und tun gut daran, uns so zu akzeptieren, wie wir eben sind. Eine Quasselstrippe wird nie auf eine authentische Weise ein ruhiges Mäuschen werden und dabei glücklich sein. Und ein stiller Zeitgenosse wird auch nach noch so vielen Rhetorikkursen und Ratgebern zum Thema „Eloquent Kommunizieren" kein Alleinunterhalter. Und wissen Sie was? Das ist auch gut so. Denn jeder für sich hat seine Schönheit. Wir brauchen uns ja auch gegenseitig. Was wäre der leidenschaftliche Redner ohne einen Zuhörer?

Für einen gelungenen ersten Eindruck ist es natürlich gut, wenn wir uns selbst einschätzen können und in der Begegnung wissen, was zu tun ist, wenn es angespannt wird. Die Vielredner unter uns sollten ganz bewusst darauf achten, dem anderen auch Zeit zuzugestehen, in der er etwas sagen kann. Und die Schweigsamen sollten wissen, wie sie geschickt das Gespräch – sollte es einmal zum Erliegen kommen – wieder in Gang bringen können. Dazu braucht es oft nur kleine Tricks (siehe S. 106), und schon flutscht es wieder.

Eine Quasselstrippe wird nie ein ruhiges Mäuschen werden. Die Vielredner unter uns sollten aber ganz bewusst darauf achten, den anderen auch zu Wort kommen zu lassen!

Lustig ist, dass sowohl die Schweigsamen als auch die Dauerredner gerade unter Stress erst recht in ihr Muster verfallen. Dem Schweigsamen fällt, wenn er unter Druck gerät, erst recht nichts ein. Und der Redekünstler quasselt, als ginge es um sein Leben, notfalls völlig sinnfrei. Gerade hier hilft uns das Bewusstsein, was gerade mit uns selbst los ist. Und natürlich unser Mitgefühl für uns selbst. Und nur das. Denn wenn wir uns innerlich dafür kritisieren und runtermachen, werden wir nur noch gestresster und alles wird noch schlimmer. Also: *Om!* So ist es eben – na und? Das Leben wird weitergehen, auch wenn wir ab und zu mal nervös sind.

Und wenn wir gerade bei Nervosität sind. Könnte es sein, dass Sie während des Gesprächs mit diesem so wichtigen neuen Menschen phasenweise verspannt sind? Da sind Sie sicher nicht der Einzige!

Nervosität

Wussten Sie, dass unser Körper uns mit der Nervosität unterstützen möchte? Er reagiert damit auf die Angstgedanken, die wir bewusst oder unbewusst entwickelt haben, und schickt uns über einen erhöhten Herzschlag und den schnelleren Atemrhythmus mehr Energie, damit wir agieren können, z. B. weglaufen oder kämpfen. Der Körper denkt in einfachen Kategorien. Er hat nur drei instinkthafte Reaktionsmuster zur Verfügung: Flucht, Angriff oder tot stellen. Und je nach Situation tut er, was er kann, um uns zu unterstützen und mit uns gemeinsam unser Überleben zu sichern. Kein Grund also, ihm böse zu sein.

Schon mal einen Blackout erlebt? Ich denke, das kennt jeder von uns. Je gestresster wir uns fühlen, umso schlechter können wir denken und handeln. Unser Verhalten wird zur Reaktion degradiert. Es ist tatsächlich so, dass wir unter großem Druck, bei Angst und Stress wenig Zugang zu höheren Gehirnregionen haben. Das Prinzip ist schon sehr alt, seit Äonen läuft ab einem bestimmten Stresszustand alles vollautomatisch übers Stammhirn. Und es hat sich über unsere Entwicklungsgeschichte hin bewährt.

Vor ein paar Jahrtausenden fanden wir uns vielleicht plötzlich in einer Waldlichtung unerwartet mit einem Säbelzahntiger konfrontiert. Adrenalinausschüttung und Entschlusskraft waren hier lebensrettend. Sofortige Energie, sofortige Reaktion war nötig. Höhere Hirnareale würden in einer akut lebensbedrohenden Situation nur zu viel zu komplexen Denkvorgängen führen, die einfach zu lange dauern – auch wenn sie im Endergebnis möglicherweise noch so genial wären. Falls wir dann noch am Leben gewesen wären. Daher schaltet in Momenten großer Aufregung in unserem Körper noch heute alles auf das Instinktprogramm im Stammhirn um. Kampf, Flucht oder Totstellen? Das ist die Wahl, die wir – physisch gesehen – haben. Mehr gibt's nicht.

Auch wenn es uns so vorkommt, dass es uns nicht wirklich dienlich ist, wenn wir im Erstgespräch mit unserem neuen Chef vor Aufregung und Herzrasen kaum ein Wort herausbringen und uns der kalte Schweiß nicht wirklich abkühlt. Oder wenn wir uns wie in Trance so fühlen, als bliebe die Zeit stehen, während unser Hirn völlig leer ist: Sich darüber zu ärgern bringt nichts. Verständnis haben für sich selbst und Akzeptanz bringt dagegen schon viel mehr. Denn es ermöglicht die dringend nötige Entspannung.

Den Körper beruhigen

Wir können uns für ein paar unauffällige Sekunden auf unseren Körper konzentrieren. Normalerweise nehmen wir ihn nämlich – je nervöser wir sind – kaum noch wahr. Außer vielleicht unser rasendes Herz und ein leeres Hirn. Fühlen Sie also in so einem Moment mal ganz gezielt in Ihre Füße hinunter: Sind noch alle Zehen da? Zählen Sie sicherheitshalber mal durch. Ist sowieso nicht ganz einfach, innerlich die Zehen zu zählen. Das lenkt ein klitzekleines Bisschen von unserer Hektik ab, die sich meist im oberen Körperbereich abspielt: im Brustkorb, Hals oder Kopf. Je länger wir Gelegenheit haben, unsere Füße, die Waden, Oberschenkel und unser Hinterteil (vielleicht auf einem Stuhl) geistig genauestens von innen zu untersuchen, umso leichter beruhigen wir uns wieder.

> **Tipp:** In akuten Stresssituationen hilft es, den Körper einen Moment lang liebevoll von innen wahrzunehmen – eine Art Ablenkung, die uns beruhigen kann. **!**

Sind wir – wie unser Körper glaubt – in akuter Lebensgefahr? Nein, vermutlich nicht. Im schlimmsten Fall blamieren wir uns bis auf die Knochen, aber die Chance auf ein Weiterleben steht wahrscheinlich ganz gut, oder? Es ist also ein kleines Missverständnis zwischen unserem Hirn und unserem Körper, mehr nicht. Gut zu wissen, oder?

Wir können uns auch bewusst auf unseren Atem konzentrieren. Der geht bei Stress meist nur flach und dafür umso flotter über die Bühne. Mit dem Effekt, dass wir zu viel Sauerstoff im Blut haben, was für Flucht oder Angriff zwar perfekt wäre, nicht jedoch dafür, brav hier zu sitzen oder zu stehen. Da wird einem vielleicht sogar ein bisschen schwindlig davon. Wenn wir also weiter im Ruhemodus verbleiben möchten oder müssen, so tut es uns gut, wenn wir beim Atmen ein bisschen das Gas rausnehmen und versuchen, tiefer, bis in den Bauch hinunter zu atmen, und dabei den Schwerpunkt aufs Ausatmen zu lenken, also einmal tief einatmen: ein – aus – aus – aus. Ein – aus – aus – aus.

> Wenn wir aufgeregt sind, tut es uns gut, wenn wir versuchen, tiefer, bis in den Bauch hinunter zu atmen und uns besonders auf das Ausatmen zu konzentrieren.

Oder wäre es in dieser Stresssituation denkbar, dass wir uns bewegen? Dann ist das natürlich – körperlich betrachtet – die beste Lösung. Dafür veranstaltet unser Körper ja diesen ganzen Aufwand: dass wir uns bewegen können. Vielleicht können wir uns ja kurz entschuldigen, um „auf die Toilette zu gehen", in Wahrheit jedoch, um im Treppenhaus mal eben drei Stockwerke im Galopp nach oben zu flitzen? Und danach, wenn wir uns kurz irgendwohin setzen und uns bewusst machen, dass es nicht ums nackte Überleben geht, ist es viel leichter, sich zu beruhigen, denn die Bewegungsenergie wurde abgebaut.

Wenn wir nicht so drauf sind, wie wir wollen, dann ist es gut, erst mal die unerwünschten Gefühle und Körperwahrnehmungen da sein zu lassen, ohne sie gleich wegschieben zu wollen. Denn dagegen zu kämpfen erhöht den Stress und verlängert die Anspannung. Einen innerlich gestressten, hektischen Körper kann man leichter über äußere aktive Bewegung und kurzzeitige Geschwindigkeit harmonisieren und dann in die Ruhe zurückführen, als wenn wir versuchen, uns im hypernervösen Stillstand zur Entspannung zu zwingen. Das wird nichts: Zwei Welten treffen aufeinander.

Entspannungstechniken

Wer aus Entspannungskursen die sogenannte Progressive Muskelentspannung nach Jacobsen kennt, der weiß, dass diese Methode auch in Situationen wie plötzlich auftretender Nervosität sehr effektiv angewandt werden kann. Von der Verspannung zu Entspannung kommen wir eben am besten, indem wir uns zunächst sogar absichtlich so sehr wie möglich verspannen: Also alle Muskeln eines Körperbereichs, z. B. die Beine oder Arme, gezielt so lang wie möglich (ein paar Sekunden) so stark anspannen wie möglich, bis wir nicht mehr können, und dann loslassen. Das dreimal hintereinander, und der entsprechende Körperbereich ist normalerweise wieder relativ locker. Dann können wir uns einem anderen Körperbereich widmen. Das ist eine ebenso einfache wie schnell wirksame Methode für kurzfristigen Stressabbau innerhalb einer Minute. Doch wir sollten dabei unbeobachtet sein, denn es sieht lustig aus.

ÜBUNG: ENTSPANNEN UND LOSLASSEN

Spannen Sie bei akutem Stress – unbeobachtet – doch mal sämtliche Muskeln gleichzeitig so stark an, wie Sie nur können und so lang Sie können. Dreimal hintereinander. Wenn Sie dann wieder loslassen, sind Sie viel entspannter.

Was übrigens immer gut tut: Wenn wir über uns selbst ein bisschen lächeln oder sogar (liebevoll) lachen können. Das baut innerhalb kürzester Zeit sehr viel Druck ab. Nach nur fünf Sekunden Lächeln (mit

Augen und Mundwinkeln) schüttet unser Hirn Glückshormone aus, und die lockern den Stress von innen gut auf. Probieren Sie's ruhig mal aus. Aber bitte mit warmer, freundschaftlicher Herzlichkeit – nicht mit bitterem Sarkasmus!

Ehrlich sein

Im privaten Bereich ist es natürlich ohne Weiteres denkbar, sich mit der Nervosität einfach zu „outen". Der andere merkt ja vielleicht sowieso, dass wir irgendwie angespannt sind. Nur weiß er nicht genau warum und was es bedeuten soll. Es ist möglich, dass er die Anspannung falsch deutet. Vielleicht ist unser Mitmensch ja auch selbst ein bisschen nervös und denkt versehentlich, dass wir ihn nicht mögen und deswegen so komisch sind. Was ist eigentlich dabei, entwaffnend zu lächeln und zu sagen: „Jetzt bin ich gerade ganz schön nervös!" Für viele ist das Schlimmste, kaum haben wir es ausgesprochen, schon vorüber.

Meiner Meinung nach ist diese entwaffnende Ehrlichkeit auch im Beruf möglich. Natürlich können Sie das selbst am besten einschätzen. Ich bin davon überzeugt, dass es früher oder später diese Trennung zwischen privatem und beruflichem Verhalten nicht mehr geben wird. Es ist alles Lebenszeit und es sind alles Menschen, die sich begegnen. Je ehrlicher, umso besser und umso schöner wird das Miteinander.

Die Einstellung, dass im beruflichen Umfeld alles so förmlich und perfekt zugehen muss, macht es ja gerade für uns alle so anstrengend. Weil dann jeder versucht, so zu sein, wie er glaubt, dass er sein soll. Eben anders, als er eigentlich ist. Und schon haben wir uns einen Stressfaktor geschaffen.

Vielleicht möchten Sie ja auch ein Vorreiter für eine neue Zeit sein und mit dazu beitragen, dass es auch im beruflichen Umfeld immer menschlicher und „echter" zugeht? Das wäre nicht nur mutig, sondern auch sehr hilfreich für alle. Es hat mit sehr viel Mut zu tun, sich mit dem, wie man gerade ist, einfach zu zeigen und dazu zu stehen – anstatt sich zu verstellen. Man braucht Mut, aber dafür weniger Kraft. Denn ist es erst mal ausgesprochen, brauchen wir nicht mehr dagegen ankämpfen.

> **Merke:** Es ist kein Problem, wenn wir manchmal nicht so können, wie wir wollen. Ein Problem wird es erst, wenn wir versuchen, dagegen anzukämpfen und uns zu verstellen. !

Je mehr Menschen so leben, umso schöner und normaler wird es miteinander. Irgendwann verstehen wir gar nicht mehr so richtig, warum wir uns das früher angetan haben und so steif und förmlich miteinander waren. Es ist dann so, wie wenn wir alte Spielfilme ansehen und über das damals gängige Rollenverhalten zwischen Frauen und Männern lächeln.

ANDERE EINSCHÄTZEN

Wäre es nicht super, wenn es eine Möglichkeit gäbe, andere Menschen innerhalb von Sekunden wenigstens grob einschätzen zu können? Es gibt sie! Sogar mehrere.

Es gibt verschiedene Typenmodelle, die die Vielzahl der verschiedensten Individuen – natürlich stark vereinfacht – in ein paar wenige Schubladen stecken. Der Nachteil liegt auf der Hand: Es stimmt einfach nicht bis ins letzte Detail, ist oft zu oberflächlich, und man wird dem einzelnen Menschen damit nie wirklich gerecht. Der Vorteil ist allerdings auch nicht von der Hand zu weisen: Wir haben eine schnelle Einschätzung, die uns während der ersten paar Minuten eine wertvolle Hilfe sein kann, bis wir mehr wissen.

Auf den ersten Blick

Typenmodelle, auch wenn sie stark vereinfachen, können wir ab dem ersten Moment der Begegnung nutzen, um unser Gegenüber vorsichtig einzuschätzen. Manchmal sogar schon während des Kontakts im Vorfeld, sei es nun schriftlich, per E-Mail, im Chat, per SMS oder telefonisch. Denn wenn wir den anderen einschätzen können und natürlich uns selbst, dann können wir in der ersten Begegnung schon mal die schlimmsten Fettnäpfe umgehen.

Wenn wir Typenmodelle verwenden, müssen wir uns immer bewusst bleiben, dass sie nur für eine erste Grobeinschätzung gut sind. Unser Gegenüber sollte jeden Moment die Chance haben, uns von etwas anderem überzeugen und uns seine individuellen Eigenheiten zeigen zu können. Wenn uns diese Haltung gelingt, dann können wir aus einer Typeneinteilung große Vorteile ziehen.

In meinem Buch „Ich dich auch, Liebling" (siehe Anhang) gehe ich detailliert auf die menschlichen Typen und die entstehenden Herausforderungen im privaten Begegnungsfeld ein. Wenn Sie sich also vertiefter damit befassen möchten, welcher Typ Sie selbst sind, woran man andere Typen erkennen kann und wie man mit ihnen kurz- und langfristig in der Partnerschaft oder der Familie konstruktiv umgeht, dann ist dieses Buch eine sehr informative Quelle für Sie.

Interessieren Sie die Typen hingegen mehr im beruflichen Kontext, so finden Sie dazu einiges in meinem Buch „Gekonnt reden im Beruf" (siehe Anhang). Hier geht es um Tipps und Tricks für die Kommunikation und Verhandlungen im beruflichen Umfeld. Wer also gern mehr darüber wissen möchte, welche Fettnäpfe jeder dieser Typen hat, wie man mit ihm kurz-, aber auch langfristig im geschäftlichen Bereich gut auskommt, für den ist möglicherweise dieses Buch eine schöne Vertiefung.

Hier wollen wir ausschließlich auf die Schnelleinschätzungsmöglichkeiten der Typen innerhalb der ersten, wenigen Minuten eingehen. Und damit natürlich auf die Stellschrauben für den ersten gelungenen Eindruck.

Es ist eindeutig so, dass wir nicht auf eine einzige bestimmte, gleichermaßen geniale Art bei jedem Menschen einen guten Eindruck machen können. Es kommt einfach extrem darauf an, mit wem wir es zu tun haben. Genau das, was bei dem einen Typ einen Sympathie-Bonus erzeugt, kann beim anderen das frühzeitige Aus bedeuten. Das macht die Sache ja gerade zur immer wiederkehrenden Herausforderung.

Was bei dem einen Typ einen Sympathie-Bonus erzeugt, kann beim anderen das frühzeitige Aus bedeuten.

Eine sehr einfache und treffende Kategorisierungsmöglichkeit von uns Menschen ist das so genannte DISG-Modell, das Menschen in vier verschiedene Typen einteilt. Es ist ebenso einfach wie markant.

Das DISG-Modell

Beim DISG-Modell wird unterschieden zwischen Gefühls- und Verstandesmenschen sowie zwischen extravertiert und introvertiert. Daraus ergeben sich vier Typen.

DIE VIER TYPEN IM DISG-MODELL

- der extravertierte Verstandesmensch (D für dominant) = der rote Typ
- der extravertierte Gefühlsmensch (I für initiativ) = der gelbe Typ
- der introvertierte Gefühlsmensch (S für stetig) = der grüne Typ
- der introvertierte Verstandesmensch (G für gewissenhaft) = der blaue Typ

Alle Typen gibt es in männlicher oder weiblicher Gestalt, und keiner ist besser oder schlechter als der andere, nur eben anders. Wenn im Folgenden von „er" die Rede ist, so ist damit der Typ gemeint. Natürlich sind „im richtigen Leben" auch Mischformen zu finden.

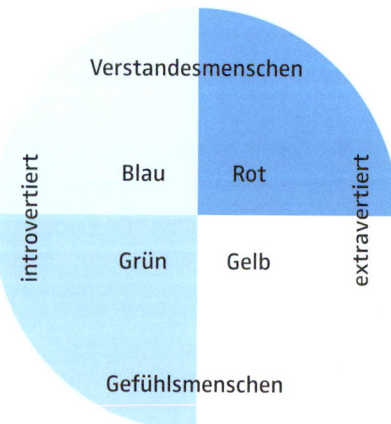

Das Typenrad

Wir können den Typ eines Menschen besonders leicht erkennen, wenn wir ihn in seinem eigenen Umfeld treffen. Denn um ihn herum müssten mehrere Hinweise auftauchen, die auf seinen Stil hindeuten. Vorsicht, genau wie bei der Körpersprache gilt: Nicht *einer* von den Hinweisen bedeutet, dass wir einen Menschen schon sicher einschätzen können. Erst wenn mehrere Hinweise zusammenkommen, können wir langsam daran denken, auf einen Typ zu tippen.

Aber auch in neutraler Umgebung besteht durchaus die Möglichkeit, anhand seines Benehmens, der Kleidung, eventuell des Autos, der Wahl des Treffpunktes und auch der Art, mit anderen und uns umzugehen, unser fremdes Gegenüber einem Typus zuzuordnen.

Der dominante oder „rote" Typ

Er ist extravertiert und sachbezogen. Den dominanten Typ erkennt man von Weitem an seinem resoluten, meist eiligen Schritt. Er ist selbstbewusst und weiß, was er will. Ein weiteres Indiz dafür, dass wir es mit einem dominanten Typ zu tun haben, ist, dass er eine gewisse Schwäche für Macht, Ansehen und Statussymbole hat, z. B. trägt er vielleicht eine teure Markenuhr, die Kleider sehen gepflegt und hochwertig aus, er hat einen großen Wagen, einen extrabreiten, übervollen, aber relativ aufgeräumten Schreibtisch, im Regal irgendwelche Trophäen oder an der Wand Siegerurkunden.

Er wohnt und arbeitet gern in großzügigen, modernen Räumen, in guter Gegend, bevorzugt klare Linien und kühle Sachlichkeit. Seine Räume haben stets repräsentativen Charakter. Wenn er einen Treffpunkt auswählt, so vermutlich einen, der ebenfalls repräsentativ ist und einen gehobenen Stil verkörpert.

Der rote Typ möchte im Vergleich mit anderen immer gern der Beste sein und von allen Angeboten am liebsten das Hochwertigste besitzen. Es liegt ihm im Blut, im Wettstreit die Herausforderung anzunehmen, je schwieriger und riskanter, umso lieber. Er ist fleißig, mutig, ehrgeizig und geht grundsätzlich über seine Grenzen und notfalls über die von anderen, um seine Ziele zu erreichen – egal, ob es um private oder berufliche Projekte geht. Der Dominante gibt alles, um ein Ziel zu erreichen. Er hat eine Führungsnatur, man nimmt ihm sofort eine Chefposition ab – und er ist gefährdet, irgendwann an Herzinfarkt oder Burnout zu erkranken, denn er kann einfach nicht anders, als jeden Tag über Jahre sehr lang und konzentriert zu arbeiten.

Der Dominante ist beruflich der klassische Karrieretyp. Ein eigener Verantwortungsbereich mit Entscheidungsfreiheit ist für ihn wie die Luft zum Atmen. Seine Entscheidungen trifft er zielorientiert und verstandgesteuert, weniger emotional. Was nicht bedeutet, dass er immer kühl und sachlich unterwegs ist. Eine seiner Hauptstimmungen ist nämlich seine grundsätzliche Eile und daraus folgernd eine leichte Gereiztheit, die er auch nicht verheimlicht, wenn es aus seiner Sicht dafür einen „Schuldigen" gibt.

> Der Dominante ist beruflich der klassische Karrieretyp.

Der dominante Typ hat immer viel zu tun und ist daher grundsätzlich etwas unter Strom. Er fasst sich kurz, ist direkt, kommt ohne Umschweife zum Punkt und wird schnell ungeduldig. Berufliche Termine vereinbart er nur, wenn er sich davon einen eindeutigen Nutzen verspricht. Im Privaten nur, wenn er wirklich Interesse hat, jemanden zu treffen. Er kann nicht gut zuhören, vor allem, wenn es nicht kurz und knackig um Fakten geht, sondern um zwischenmenschliche Prozesse, Gefühle und andere, ihm nicht greifbare Themen oder Dinge, die nicht in unmittelbarem Zusammenhang mit seinem Ziel zu stehen scheinen. Er fällt dann anderen ins Wort, kann dabei auch ausgesprochen unhöflich sein. Sein Blick ist direkt bis fordernd.

Gern hebt er seine Erfolge hervor. Es gehört zu seinem Naturell, auf der Bühne des Lebens zu stehen und sich bewundern zu lassen.

Er ist ein Kämpfer- und Siegertyp. Alles, was zu leicht ist, ihm geschenkt wird, ist für ihn nichts wert. Menschen, die sich anbiedern, interessieren ihn daher nicht. Er muss um etwas gekämpft haben, damit es etwas wert ist. Er ist ein bisschen der Richard Löwenherz für seine Familie, loyal und hat einen untrüglichen Beschützerinstinkt. Seine Familie soll es guthaben. Darunter versteht ein Dominanter oftmals Finanzielles, Einfluss, Äußerlichkeiten, Ansehen.

Alles Neue, Unbekannte, Gefährliche reizt ihn, der Dominante ist der klassische Eroberer von unbekannten Ländern. Beim Dominanten geht es im Zwischenmenschlichen immer um Hierarchie: stärker oder schwächer. Er ist ein Macher ohne Gefühlsduseleien und regelt am liebsten alles sofort und selbst, weil er dann weiß, dass es „richtig gemacht" wird und vom Tisch ist. Da das nicht immer möglich ist, hat er auch gelernt, leidige Aufgaben an andere zu delegieren. Hierbei kann er etwas barsch und ungeduldig rüberkommen. Er kann sich durchsetzen, notfalls, indem er auf den Tisch haut und auch mal laut wird, und scheut auch keine Konfrontation – im Gegenteil, sie gehört für ihn wie der Hammer in den Werkzeugkoffer des Alltags.

Menschen, die schnell aufgeben, ihre Meinung nicht offen sagen, die oft kränklich oder ängstlich sind, stören ihn, da er dies als Schwäche empfindet, die er sich selbst nicht erlauben würde. Deswegen neigt er auch dazu, Signale seines eigenen Körpers zu übergehen, bis er ernsthaft krank ist und gar nichts mehr geht. Er ist absolut willensstark, engagiert, sachlich und zuverlässig – und das erwartet er auch von anderen.

> Der Dominante ist absolut willensstark, engagiert, sachlich und zuverlässig – und das erwartet er auch von anderen.

Im beruflichen Umfeld sucht er nach starken Persönlichkeiten, die kompetent sind und ihm ähnlich. Er will eine schlagkräftige Mannschaft zusammenstellen, um nach vorn zu kommen. Auch im privaten Umfeld reizt ihn das Unerreichbare, um es eben doch zu erreichen. Dann kann er stolz auf sich sein. Gern kämpft er auch um einen Partner. Der rote Typ möchte einen selbstbewussten Partner an seiner Seite, der es geistig mit ihm aufnehmen kann, nicht jedes seiner Worte auf die Goldwaage legt, ihm blind vertraut und sich führen lässt. Es gefällt ihm, mit dem Partner auch anzugeben.

Eine Schwäche des dominanten Typs ist seine Ungeduld und Intoleranz andersgearteten Menschen gegenüber. Er ist aufbrausend, kann zuweilen richtiggehend jähzornig, undiplomatisch und taktlos sein. Meist meint er es aber nicht so böse, wie es klingt. So schnell wie seine Wut kommt, so schnell ist sie auch verraucht. Sich zu entschuldigen fällt ihm allerdings sehr schwer. Lieber schlägt er am nächsten Tag wieder einen ruhigen Ton an und tut, als wäre nichts gewesen.

Selbst im Erstkontakt kommen diese Charakterzüge deutlich heraus. Fragt man das Gegenüber nach seinem Beruf und was er an anderen Menschen besonders schätzt oder nicht mag, wird ein Roter sicherlich bereitwillig viele der oben beschriebenen Kriterien nennen. Sensible Gemüter könnten sich im Kontakt mit einem Dominanten Momente lang wie in einem Bewerbungsgespräch fühlen, selbst wenn es um ein privates, erstes Kennenlernen im Lokal nebenan geht.

Auch im Umgang mit anderen erkennt man einen Typ. Der Rote wird sich z. B. dem Kellner gegenüber ein bisschen benehmen, als gehöre ihm das Restaurant oder als wäre er zumindest ein VIP-Kunde. Er erwartet, dass man ihn schnell und zuvorkommend behandelt, und glaubt, dass sich alles nur um ihn und seine Wünsche drehen müsse. Er spricht und lacht laut und nimmt gern viel Platz in Anspruch. Sich irgendwo an ein kleines, schon besetztes Tischchen dazuzuzwängen ist nicht sein Ding. Als Mann hält er es für selbstverständlich, im privaten Rahmen die Dame einzuladen.

Im Gespräch mit einem Dominanten muss man wissen, was man will, und das auch sagen. Nichts geht ihm mehr auf die Nerven als langatmiges, unsicheres „Herumgeeiere". Ein Gesprächspartner auf Augenhöhe, der gute Argumente hat und energiegeladen wirkt, macht auf ihn Eindruck. Noch besser, wenn dieser ihm Anerkennung und Respekt entgegenbringt, ohne jedoch unterwürfig zu sein. Er entscheidet gern und schnell und sagt ehrlich, was er denkt. Unterordnen kann er sich nur ganz schwer und wenn, dann nur jemandem, den er sowohl fachlich als auch menschlich hoch achtet.

Ein energiegeladener Gesprächspartner auf Augenhöhe, der gute Argumente hat, macht auf einen Dominanten Eindruck.

Auch im privaten Umfeld pflegt der rote Typ gern ausgefallene, gefährliche Hobbys, interessiert sich für abenteuerliche Reisen, betreibt Extremsport oder Ähnliches. Frauen dieser Spezies pflegen gern Männerhobbys oder -sportarten, z. B. Motorradfahren oder die Fliegerei, sind selbständig oder haben beruflich eine Führungsposition. In früheren Zeiten war der rote Typ das klassische Bild eines selbstbewussten Mannes, der zuhause wie im Beruf eine Chefposition einnahm. Heutzutage gibt es auch vermehrt rote Frauen, die meist Karriere machen oder im häuslichen Umfeld Welten bewegen.

Der dominante Typ ist kein Kuscheltyp fürs Sofa. Er ist ein starker Partner, mit dem man Pferde stehlen kann, und eine echte Bereicherung, wenn man weiß, wie man ihn nehmen muss.

Wenn Sie sich beim Lesen dieses Typs irgendwie selbst wiedererkannt haben, dann können Sie – falls Sie auf einen roten „Artgenossen" treffen – nicht viel falsch machen. Hauptsache, Sie gehen nicht allzu sehr in Konkurrenz mit Ihrem Gegenüber und achten darauf, dass beide Seiten einen in etwa gleichmäßigen Redeanteil bekommen.

Falls Sie jedoch – als Roter – in der Begegnung auf einen anderen Typen stoßen, gelb, grün oder blau, so empfiehlt es sich, dem Gegenüber Raum und Zeit zu geben und auch, ihm bewusst zuzuhören, bis er ausgesprochen hat. Eventuell ist es nötig, Ihre innere Geschwindigkeit etwas herunterzufahren und auch auf die sensibleren Botschaften zwischen den Zeilen zu achten.

DER ROTE/DOMINANTE TYP

- Stärken: führungsstark, zielorientiert, logisch, mutig, willensstark, liebt Herausforderungen, Risiken und Neues, einsatzbereit, entschlussfreudig, vorausschauend
- Schwächen: taktlos, rücksichtslos, schlechter Zuhörer, cholerisch, undiplomatisch, dauergestresst, workaholic
- vorherrschende Emotion: motiviert, ungeduldig
- wichtig für ihn: Respekt und Bewunderung von anderen
- größte Angst: Kontrollverlust, Versagen, Krankheit
- Schlüsselwörter: Herausforderung, neu, riskant, reizvoll, etwas Besonderes, schnell, Erfolg, mutig, Macht, Status

TIPPS FÜR DEN UMGANG MIT EINEM DOMINANTEN GESPRÄCHSPARTNER:

- Nehmen Sie seine Direktheit nicht übel.
- Sagen Sie das, was Sie sagen möchten, direkt, kurz und knackig.
- Machen Sie ihm zwei Vorschläge mit prägnanten Vor- und Nachteilen und lassen Sie ihn die Entscheidung treffen.
- Zeigen Sie ihm Ihren Respekt vor seinen Leistungen, wenn davon die Rede ist.
- Achten Sie auf Augenhöhe, Selbstbewusstsein und Unabhängigkeit (nicht duckmäusern!).

Der initiative oder „gelbe" Typ

Er ist extravertiert und menschorientiert. Der initiative Typ ist ein heiterer Zeitgenosse. Ein Sonnenstrahl im Grau des Alltags. Wo er auftaucht, entsteht automatisch ein bisschen Pausenstimmung. Er hat die

Fähigkeit, auch mit fremden Menschen sofort eine menschlich warmherzige Atmosphäre zu schaffen, denn er geht mit jedem so um, als kenne er ihn schon lange. Sein Blick ist direkt und stets herzlich. Er lacht und lächelt gern, und mit ihm gibt es garantiert keine peinlichen Gesprächspausen, denn er redet und redet. Und redet. Zuhören kann er auch, wenn auch nicht ganz so gut. Seine größte Stärke ist, andere im Herzen zu erreichen.

Er ist selbstbewusst, aber nicht auf eine dominante Art, sondern eher in der Weise, dass er sich durch seine Geschichten sofort in den Mittelpunkt bringt und alle in seinen Bann zieht. Er will auffallen, aber nicht durch seine Leistung und Macht, sondern durch seine Herzlichkeit und Unterhaltsamkeit. Sein Ziel ist nicht Einfluss und Hierarchie, sondern Sympathie und Harmonie. Daher berichtet er auch ohne mit der Wimper zu zucken von eigenen kleineren und größeren Katastrophen, kann sich über sich selbst kaputtlachen und nimmt das Leben grundsätzlich von der leichten Seite. Im Zwischenmenschlichen geht es ihm ausschließlich um Mögen und Gemochtwerden.

Ein Initiativer hat jede Menge Bekannte, Freunde und kennt Gott und die Welt. Was er auch im Überfluss hat, sind gute Ideen, die teilweise etwas verrückt wirken können. Sie sprudeln aus ihm heraus, schneller als sie in die Tat umgesetzt werden könnten. Die Umsetzung bis zum letzten Streich ist sowieso nicht sein Ding,

Der Initiative hat eine herzliche, heitere Ausstrahlung und kommt mit nahezu jedem sofort auf selbstverständliche Weise in einen freundlichen Kontakt.

vor allem, wenn ein Projekt langwieriges Engagement und Detailarbeit erfordert. Er fängt viel an, mit großer Begeisterung, und hört auch viel wieder auf.

Im ersten Moment erkennt man einen gelben Typen daran, dass er fast immer zu spät zu Verabredungen kommt und trotz allem schwungvoll und ausgesprochen gut gelaunt wirkt. Er hat immer gute Gründe, warum er zu seinem größten Bedauern etwas nicht in der vereinbarten Zeit schafft. Seine leichte Unzuverlässigkeit in diesem Punkt ist nicht böse gemeint: Er verzettelt sich einfach zu leicht. Meist sind die Gelben etwas flippig gekleidet, immer in Eile („Ups! Schon so spät!") und ihre Arbeitsweise ist leicht chaotisch – nach dem Motto: Nur der Dumme hält Ordnung, die Intelligenz beherrscht das Chaos. Meist beherrschen sie es auch, jedenfalls so ungefähr.

Wenn wir also in das Büro oder eine Wohnung eines initiativen Gesprächspartners kommen, werden wir z. B. einen Schreibtisch mit jeder Menge ungeordnetem Papierkram vorfinden, und auch sonst liegt vermutlich einiges herum. Seine Räume sind meist prall gefüllt mit allen möglichen Erinnerungsstücken, Pflanzen, Kerzen und Dekos, es herrscht eine warme, wenn auch leicht unaufgeräumte Atmosphäre.

> Der Initiative ist der absolute Lebenskünstler, ein Stehaufmännchen, das aus jeder Situation das Beste macht.

Geld und Ruhm sind ihm nicht wichtig, doch er ist der absolute Lebenskünstler, ein Stehaufmännchen, das aus jeder Situation das Beste macht. Oft ist er beruflich durchaus erfolgreich, bleibt aber nicht ewig in einer Firma, sondern wechselt gern die Stelle und oft auch den Beruf. Oft findet man ihn im Verkauf oder Marketing, denn er geht gern mit Menschen um und ist sprachgewandt. Erfolg ist für ihn etwas, das nebenbei entsteht.

Ein junger Mann sucht Arbeit und stellt sich bei einem großen Kaufhaus in der Sportabteilung vor. Der Chef gibt ihm einen Probetag. Am Abend fragt er: „Na, wie viele Kunden haben Sie denn beraten?" Der junge Mann: „Einen!" – „Was??? Nur einen? Und wie viel Umsatz haben Sie gemacht?" – „327.577,35 €" Der Chef ist völlig entgeistert: „Ja, was haben Sie denn da alles verkauft?" „Nun", meint der junge Mann, „zunächst einen Angelhaken. Dann fragte ich ihn, ob er denn eine richtig gute Angel habe und er verneinte. Nachdem ich ihm dann

die Angel samt Zubehör verkauft hatte, fragte ich ihn, ob er vom Ufer
aus oder nicht lieber von einem schönen Boot aus angeln wollte. So
habe ich ihm dann noch das große Sportboot aus unserer Ausstellung
verkauft. Und da er keinen Anhänger für sein Auto dafür hatte, den
dann auch noch, denn wie sollte er sonst an den See damit kommen?"
Der Chef ist fassungslos und fragt: „Und das alles, obwohl dieser
arme Mensch nur einen Angelhaken kaufen wollte?" – „Nein", sagte
der junge Mann, „er wollte gar keinen Angelhaken, er fragte mich, wo
er in diesem Kaufhaus Tampons für seine Frau bekommen würde. Da
sagte ich zu ihm: Das Wochenende können Sie vergessen, gehen Sie
doch lieber gleich angeln!"

Auch beruflich ist der gelbe Typ sehr kontaktstark und oft im Vertrieb
tätig, wo er meist zu den Besten gehört. Seine Kunden lieben ihn und
vertrauen ihm. Mit Menschen, Kreativität
und Kommunikation hat er immer zu tun.
Er ist der geborene Improvisator und hat
jede Menge Humor. Aus einer noch so
schlechten Ausgangsposition vermag er
immer wieder Erstaunliches herauszuho-
len.

> Beruflich ist der gelbe
> Typ sehr kontaktstark. Er
> ist der geborene Impro-
> visator und hat jede
> Menge Humor.

Beim Treffen in einem Lokal ist er zwanglos und völlig unproblema-
tisch. Er reserviert vermutlich nicht, sondern setzt auf Bestimmung.
„Oh! Heute geschlossen? Na, macht nichts, gehen wir da rüber, da
scheint auch irgendwas zu sein!" Sich im Restaurant zu Leuten dazu-
zusetzen ist kein Thema. Ob die sich dann noch ungestört unterhalten
können, bleibt allerdings fraglich, denn ein Initiativer bezieht gern alle
Menschen in sein Unterhaltungsprogramm mit ein.

Beim Bestellen hat er oft Sonderwünsche: „Dies aber ohne jenes, oder
jenes mit dem da – geht das?" begleitet von einem charmanten Augenzwinkern, und schon hat er vergnügt die Küche auf den Kopf gestellt.
Der von einem Gelben vorgeschlagene Treffpunkt für ein privates Ken-

nenlernen kann auch ungewöhnlich sein, gern hat er auch eine Idee mit Bewegung, z. B. einen Spaziergang, ein Cart-Rennen oder eine lustige Unternehmung wie eine Komödie oder eine Travestie-Show.

Der initiative Typ ist ein humorvoller Gefühlsmensch, der sich von seinem Bauch leiten lässt und grundsätzlich alle Menschen mag, ob er sie kennt oder nicht. Deswegen mögen die meisten auch ihn (außer diejenigen, denen er zu chaotisch und unzuverlässig ist). Er ist kreativ, erfinderisch und wortgewandt, entwirft in Sekundenschnelle einen Plan B und empfindet diese Flexibilität als Zeichen von Intelligenz, die ihn selbst beglückt. Er liebt Menschenmengen und Partys: „Oh, da ist was los! Schauen wir mal rüber?", kann andere begeistern und motivieren. Er interessiert sich für alles und jeden, dafür nicht allzu lange oder vertieft. Denn es langweilt ihn auch schnell etwas. Dadurch findet man bei ihm meist ein breites Allgemeinwissen, kann ihm allerdings durchaus eine gewisse Oberflächlichkeit vorwerfen.

> Der initiative Typ ist ein Gefühlsmensch, der sich von seinem Bauch leiten lässt und grundsätzlich alle Menschen mag, ob er sie kennt oder nicht.

Am schlimmsten ist es für ihn, wenn man über seine Anekdoten und Witzchen nicht lacht oder das herzlich gemeinte Lächeln nicht zurückgibt. Er ist ehrlich in seiner Menschenliebe, in seinem Inneren sensibel und verletzlich, und daher trifft ihn ernste Kritik und ein harscher Ton meist sehr hart. Falls Ihr gelbes Gegenüber also zu spät zum Termin kommt, verkneifen Sie sich eine Kritik, sonst ist die Stimmung von Anfang an gelaufen, auch wenn er es sich nicht anmerken lässt.

Er hat es oft eilig, zuweilen redet er erst und denkt dann. Der Initiative ist der vollendete „Alles-auf-den-letzten-Drücker-Typ", der trotz zu spätem Anfangen und chaotischer Vorbereitung erstaunliche Leistungen erbringt, wenn es drauf ankommt. Ein Gelber überlegt es sich in seinem Leben oft wieder anders, nach dem Motto: „Was kümmert mich mein Geschwätz von gestern." Er ist flexibel und spontan.

In der Liebe ist er der geborene Flirt-König, denn mit seiner Fähigkeit, Menschen sofort auf sympathische Weise nahe zu kommen, lernt er jeden Moment neue Leute kennen. So umarmt er seine Freunde und u. U. auch Geschäftspartner oder neue Bekannte, ob sie wollen oder nicht, und denkt sich gar nichts dabei. Er fasst dem Gesprächs-partner an den Arm oder die Schulter und zeigt auf diese Weise seine ehrlich ge-meinte Verbundenheit. Er liebt es, wenn man ihm gut gelaunt zuhört, lächelt und

> Der Initiative ist der geborene Flirt-König, denn mit seiner Fähig-keit, Menschen sofort auf sympathische Weise nahe zu kommen, lernt er jeden Moment neue Leute kennen.

ihm zeigt, dass man ihn mag. Er braucht einfach eine warmherzige Atmosphäre und dauerhafte Herzlichkeit. Er ist ein Schmuser und den sinnlichen Genüssen zugetan: gutes Essen, guter Wein, Lieben, Rei-sen, Unternehmungen aller Art und Lachen.

Wenn Sie sich beim Lesen dieses Typs irgendwie selbst wieder erkannt haben, dann können Sie – falls Sie auf einen gelben „Artgenossen" treffen – eigentlich kaum etwas falsch machen. Sie werden Spaß haben miteinander.

DER GELBE/INITIATIVE TYP

- Stärken: begeisterungsfähig, humorvoll, kreativ, abwechs-lungsreich, kontaktstark, mitreißend, motivierend, sympa-thisch, optimistisch, charmant, flexibel, Alleinunterhalter
- Schwächen: unpünktlich, unzuverlässig, unstrukturiert, redet zu viel, teilweise oberflächliches Wissen
- vorherrschende Emotion: fröhlich, herzlich
- wichtig für ihn: Zugehörigkeit, gemocht werden
- größte Angst: Ablehnung, Einsamkeit
- Schlüsselwörter: lustig, Spaß, nett, Abwechslung, Überra-schung, leicht, da ist was los

Falls Sie jedoch – als Gelber – auf einen anderen Typen stoßen, rot, grün oder blau, so empfiehlt es sich, zunächst darauf zu achten, pünktlich zu dem Termin zu kommen. Denken Sie auch dran, nicht zu viel zu reden, sondern dem Gegenüber auch ab und zu mal Fragen zu stellen und ihm dann bewusst und konzentriert zuzuhören.

TIPPS FÜR DEN UMGANG MIT EINEM INITIATIVEN GESPRÄCHSPARTNER:

- Zeigen Sie durch Lächeln und gemeinsames Lachen, dass Sie ihn mögen, und sagen Sie ihm was Nettes, auch wenn er zu spät kommt.
- Nehmen Sie sich Zeit zum Zuhören und genießen Sie die unterhaltsamen Geschichten und kreativen Ideen.
- Nehmen Sie die Begegnung zum Anlass, Ihre Fähigkeit in Bezug auf Spontaneität, Toleranz und Flexibilität zu erweitern: Manchmal kommt es mit einem Gelben anders als geplant.
- Äußern Sie Ihr Anliegen oder Ihre Bitte stets warmherzig und freundlich, dann können Sie vom Gelben fast alles bekommen.

Der stetige oder „grüne" Typ

Ein Stetiger ist ein introvertierter Gefühlsmensch. Dieser Typ hat mit dem Initiativen seine Menschenfreundlichkeit und warme Herzlichkeit gemeinsam, auch wenn der Stetige sie anders auslebt. Er geht nicht so schwungvoll auf Menschen zu, wie es der Initiative tut, doch meint er es genauso gut mit ihnen. Der Grüne ist deutlich scheuer und zurückgezogener. Er spricht nicht so gern, viel lieber hört er zu. Er hat ein bescheidenes Wesen. Meist sind die Stetigen sehr korrekt, was die Pflichten des Alltags betrifft, und sind auch beruflich ernsthaft und engagiert. Sie würden jedoch nie darüber sprechen, weil sie Angeber nicht ausstehen können. Sie sind ordentlich, jedoch nicht fanatisch damit.

Sie sind echte Freunde und bei allen beliebt. Es dauert aber auch, bis sie sich wirklich öffnen und Vertrauen entwickeln. Lieber beobachten sie jemanden unauffällig einige Zeit und bilden sich in aller Ruhe ihre Meinung. Aber wenn sie jemanden dann einmal ins Herz geschlossen haben, dann gehen sie mit ihm durch Dick und Dünn.

> Die Stetigen sind echte Freunde und bei allen beliebt. Es dauert aber auch, bis sie sich wirklich öffnen und Vertrauen entwickeln.

Die Stetigen sind loyale, treue Gefolgsleute – in eine Führungsposition kommen sie meist nicht. Doch nicht, weil sie es fachlich nicht könnten, sondern weil es ihnen zuwider ist, sich präsentieren und durchsetzen zu müssen. Sie fühlen sich auf einer Bühne unwohl, selbst wenn sie dort geehrt werden sollen. Viel lieber sind sie in der zweiten oder dritten Reihe, von wo aus sie das Geschehen gut sehen können, selbst jedoch gewissermaßen „in Deckung" sind. Auch ist es ihnen unangenehm, sich in Bewerbungsgesprächen „präsentieren" zu müssen, wo sie doch viel lieber ihre Ruhe haben und sich wünschen, dass die anderen von sich aus ihre Qualitäten und Qualifikationen erkennen und schätzen mögen.

Ihr höchstes Gut ist Harmonie und Ruhe. Deswegen bevorzugen sie auch das Bewährte und mögen keine Veränderungen. Im Kreise seiner Vertrauten liebt es der Stetige, mit Liebe zum Detail und Aufmerksamkeit seiner Routinetätigkeit nachzugehen und sich dort der Freundschaft und Anerkennung sicher zu sein. Man kann sich auf ihn absolut verlassen. Es ist ihm ein echtes Herzensanliegen, zu seinem Wort zu stehen, und wenn er das trotz extremem Engagement einmal nicht einhalten kann, macht ihm das sehr zu schaffen. Er entschuldigt sich bei Fehlern von Herzen und kann sich selbst nur schwer verzeihen.

Der Grüne ist der geborene Teamplayer und Familienmensch. Er hat feinste Antennen für seine Mitmenschen und versteht es, sich so zu benehmen, dass es keine Reibereien gibt. Das Wohl der anderen liegt ihm sehr am Herzen. Dafür nimmt er sich gern zurück und verzichtet auf seine eigenen Wünsche. Es liegt ihm im Blut, sich perfekt anzupassen und unauffällig mit dem Strom zu schwimmen.

Wenn man seine fachliche Meinung erfragt, hat er viel zu bieten. Aufdrängen wird er sie allerdings niemandem. In seinem Fachgebiet ist er meist ein Spezialist. Ein Stetiger kann schweigen. Man kann ihm Geheimnisse anvertrauen, denn sie sind bei ihm sicher aufgehoben.

> Der Stetige ist ein auf Harmonie bedachter, treuer, gefühlvoller, ruhiger und anpassungsfähiger Typ.

Im Erstkontakt erkennt man ihn an seiner Pünktlichkeit und seiner unauffälligen, freundlichen Bescheidenheit. Er meint es ernst und ehrlich, denn er ist ein Herzensmensch, auch wenn er es nicht sagt, denn Worte kommen ihm nicht so flüssig über die Lippen. Er ist zurückhaltend, fragt viel und hört gut zu. Sein Augenkontakt ist unauffällig und sein Lächeln warmherzig. Seine Berührungen wie Handschlag freundlich, aber dezent. Ein Stetiger ist korrekt gekleidet, weder übertrieben sachlich noch irgendwie auffällig in Form oder Farbe – eher auf legere Weise konservativ – und immer sauber und gepflegt.

Im Lokal würde er nie einen Sonderwunsch äußern und empfindet ein Gegenüber, das den Kellner mit solchen Absonderlichkeiten quält, als ausgesprochen unangenehm. Er würde sich auch nicht beschweren, selbst wenn das Essen völlig ungenießbar wäre. Es ist ihm den Aufstand nicht wert und er will nicht auffallen, schon gar nicht unangenehm. Ein Grüner kann meist nicht Nein sagen, selbst wenn ihm das, was von ihm erwartet wird, sehr unangenehm ist. „Augen zu und durch – auch das geht vorüber!" ist seine Devise.

Er hat eine außerordentliche Beständigkeit in allem, was er tut, egal, ob es im privaten oder beruflichen Bereich ist. Wenn ein Stetiger sich beruflich verändert, dann muss er dazu gezwungen worden sein. Selbständig ist ein Grüner eher nicht. Und privat? Wenn Sie es mit einem grünen Single zu tun haben, wurde er vermutlich vom Partner verlassen, denn er selbst bringt es nicht über sich. Und wenn doch, dann muss es eine unerträgliche Situation über Jahre hinweg gewesen sein, sonst hätte er sich niemals dazu entschlossen, zu gehen und neu anzufangen. Denn das fällt ihm schwer und macht ihm Angst. Wenn er an Veränderungen denkt, dann fallen ihm lauter Dinge ein, die noch schlechter und unsicherer sein könnten.

Er hat eine außerordentliche Beständigkeit in allem, was er tut, egal, ob im privaten oder beruflichen Bereich.

In Beziehungen ist er nicht derjenige, der den Anfang macht. Meist überlässt er dem Partner die erste Annäherung. Er ist das glatte Gegenteil vom Aufreißer zu einem One-Night-Stand. Bevor er sein Herz öffnet, dauert es ein Weilchen. Und er hat ein großes Herz.

Drängen kann man ihn nicht – das erzeugt nur Stress und Verspannung und Widerstand in ihm. In der Begegnung mit einem Grünen ist es hilfreich, sich menschlich, geduldig und warmherzig zu zeigen. Ehrlich von sich und seinen Freunden oder der Familie zu sprechen, sich mit harmlosen Ecken und Kanten zu outen, ohne auffällig mit Erfolgen aufzutrumpfen, vielleicht ein kleines, herzliches Kompliment – so etwas kommt bei ihm gut an.

Er empfindet die leisen Töne, Bescheidenheit, Sensibilität im Umgang mit anderen und Zuverlässigkeit als angenehm. Sprunghafte, laute Menschen sind ihm nicht ganz geheuer. Er spricht eher leise und hat eine sanfte, weiche Art. Der Grüne ist ein sinnlicher, romantisch angehauchter Gefühlsmensch und kann die schönen Seiten des Lebens tief genießen – gern tut er das zu zweit mit einem Seelengefährten.

Durch seine Zurückhaltung wirkt er manchmal schüchtern, ist es aber innerlich nicht unbedingt. Er weiß genau, was für ihn richtig und falsch ist. Nur sagt er es nicht jedem. Und er tut es auch nicht immer, da er extrem kompromissbereit ist. Wer zu ihm passt, für den öffnet er sich. Wer nicht, zu dem ist er höflich und bleibt distanziert.

Kämpfen ist nicht sein Ding. Lieber gibt er nach, wahrt äußerlich den Schein, und hat innerlich seine Ruhe. So wichtig nimmt er sich und seine Bedürfnisse auch wieder nicht. Streit und Konfrontation sind ihm schrecklich. Er neigt dazu, sein Fähnchen in den Wind zu hängen – aber nicht, um anderen besser zu gefallen oder auf diese Weise etwas Bestimmtes zu erreichen, sondern nur, um seine Ruhe zu haben. Entscheidungen fallen ihm auch schwer, bedeuten sie doch meist Veränderung und damit Aufregung und Stress. Im Privatleben würde er sich eher nach und nach traurig zurückziehen, statt eine Diskussion, einen Streit oder gar eine Trennung zu riskieren.

Wenn Sie sich beim Lesen dieses Typs irgendwie selbst wieder erkannt haben, dann können Sie – falls Sie auf einen grünen „Artgenossen" treffen – eigentlich nichts falsch machen. Falls Sie – als Grüner – jedoch auf einen anderen Typen stoßen, rot, gelb oder blau, so empfiehlt es sich, dem Gegenüber die Gelegenheit zu geben, Sie kennenzulernen. Erzählen Sie ruhig ein bisschen was von sich und stellen Sie Ihr Licht nicht wie so oft unter den Scheffel.

DER GRÜNE/STETIGE TYP

- Stärken: feinste Antennen, anpassungsfähig, loyal, freundlich, ruhig, teamfähig, beständig, zuverlässig, hilfsbereit, geduldig, zurückhaltend, spezialisiertes Wissen
- Schwächen: nachgiebig, fügsam, entscheidungsschwach, Fähnchen im Wind
- vorherrschende Emotion: Selbstbeherrschung trotz intensiver Gefühle
- wichtig für ihn: Harmonie und Frieden, Beständigkeit
- größte Angst: direkte Konfrontation, Veränderungen
- Schlüsselwörter: in aller Ruhe, harmonisch, dezent, herzlich, friedlich, ruhig, entgegenkommend, gut überlegt, angenehm, leise, sicher

TIPPS FÜR DEN UMGANG MIT EINEM STETIGEN GESPRÄCHSPARTNER:

- Zeigen Sie sich menschlich und persönlich.
- Lassen Sie ihm Zeit, sich zu öffnen.
- Stellen Sie ihm Fragen und zeigen Sie herzliches Interesse.
- Benehmen Sie sich ruhig, bescheiden, friedlich und dezent.

Der gewissenhafte oder „blaue" Typ

Der Gewissenhafte ist ein introvertierter Verstandesmensch. Er ist ein starker Analytiker und Stratege, verlässt sich auf Bewährtes und ist daher perfekt darin, bereits bestehende Lösungen für eine Aufgabe mit all ihren Vor- und Nachteilen zu eruieren und dann die Passendste für ein aktuelles Projekt herauszufinden.

Er ist ein Zahlen-, Daten-, Faktenmensch, der völlig unbestechlich und klar strukturiert ist. Der Blaue ist gründlich und geht bei seinen Recherchen stets in die Tiefe. Er ist ein absoluter Fachspezialist und seine Arbeit hat Hand und Fuß. Auch wenn sie etwas länger dauert. Nicht, weil der blaue Typ langsam arbeitet, sondern weil er Perfektion anstrebt – und die dauert eben etwas länger.

Ein gewissenhafter Typ ist absolut korrekt, extrem pünktlich und sehr ordnungsliebend bis hin zur Penibilität. Man erkennt ihn an einem stets aufgeräumten, staubfreien Schreibtisch, einer sehr ordentlichen Wohnung, seiner total korrekten, konservativ gewählten Kleidung. Modische Experimente und grelle Farben sind nicht sein Ding. Er ist höflich, aber stets zurückhaltend und sachlich.

> Der gewissenhafte Typ ist absolut korrekt, extrem pünktlich und sehr ordnungsliebend.

Als Gefühlsmensch empfindet man den sachlichen Blauen zwangs-
läufig irgendwie ein bisschen kühl und distanziert, reserviert, etwas
hölzern, ja zuweilen fast ablehnend, obwohl das nicht unbedingt der
Wahrheit entsprechen muss. Ein Blauer hält von Natur aus – aus Höflichkeit und Respekt – einen gewissen Abstand und wirkt im Vergleich
zu anderen etwas steif und humorlos, weil er innerlich ein emotional
relativ wenig involvierter Beobachter ist.

Ein Gewissenhafter ist von seinem Wesen her ernst, geradlinig und
tief. Analyseaufgaben, die man ihm überträgt, erfüllt er mit einem
unglaublichen Engagement, wenn man ihm die Zeit dazu lässt. Hetzen lässt er sich ungern, denn das bedeutet für ihn Schludrigkeit und
ist ihm unangenehm. Wie soll man unter Zeitdruck eine ordentliche
Arbeit abliefern?

Die meisten gewissenhaften Typen wirken ein kleines bisschen un-
nahbar und dabei selbstbewusst, weil sie viele kleine emotionale Ritu-
ale zwischen Menschen schlichtweg nicht wahrnehmen und daher
nicht „mitspielen“, ob es sich nun um ganz alltägliches, nahezu bedeu-
tungsloses Zurücklächeln handelt, um Lachen über eine heitere
Geschichte oder einen Witz, oder um eine mangelnde emotionale
Reaktion trotz eines traurigen Ereignisses. Manche gefühlsbetonten
Menschen fühlen sich in solchen Momen-
ten von einem gewissenhaften Typ abser-
viert, abgetropft und unverstanden.

Ein Blauer ist ein sach-
licher, höflicher, äußerst
korrekter Zahlen-Daten-
Fakten-Mensch, auf den
man sich verlassen kann.

Doch ein Blauer hat durchaus Gefühle,
sogar sehr tiefe. So tief, dass sie ihm unbewusst Angst machen und er daher alles
in seiner Macht Stehende entwickelt hat, sich von ihnen nicht irre-
machen zu lassen. Hat sich ein Gewissenhafter einmal auf einen Menschen eingelassen, so kann man mit seiner absoluten Loyalität rechnen, wenn auch nicht auf romantischem Schmusekurs.

Ein Blauer wirkt meist emotional unbeteiligt bis ausgeglichen, geistig ist er jedoch voll da und hochkonzentriert. Manchmal passiert es, dass ein gewissenhafter Typ Sätze wörtlich nimmt, statt den übertragenen Sinn dahinter zu verstehen.

Bei dem Wort „neu" sträuben sich dem Gewissenhaften die Nackenhaare. Denn „neu" heißt: nicht getestet, nicht bewährt, abenteuerlich, riskant. Wie das Laufen auf dünnem Eis – nichts für einen Blauen! Er plant gern alles vor, egal, ob es ums Private oder ums Geschäftliche geht. Systematisch und akribisch sitzt er am PC, googelt, liest Fachbücher und organisiert, bestellt, bucht und plant alles bis ins letzte Detail. Erst dann ist er zufrieden und lehnt sich stolz zurück. Jetzt kann ihm das Leben mit seinen Unwägbarkeiten keinen Strich mehr durch seine Rechnung machen!

Es gibt keinen besseren Organisator als einen Blauen, denn er durchdenkt jeden einzelnen Moment eines Projekts vom Anfang bis zum Schluss.

Es gibt keinen besseren Organisator als einen Blauen, denn er durchdenkt jeden einzelnen Moment eines Projekts vom Anfang bis zum Schluss und hat für alle entstehenden Möglichkeiten und Unmöglichkeiten mit einem Plan B und gar C vorgesorgt. Die Haltung, die Dinge einfach auf sich zu kommen zu lassen, hält ein Gewissenhafter für absolut verwerflich und völlig verantwortungslos.

Bei einem Treffen im Lokal wurde vom Gewissenhaften garantiert der Tisch reserviert, und zwar höchstwahrscheinlich nicht irgendeiner, sondern gezielt genau dieser. Die Gründe dafür sind bestechend logisch – fragen Sie ihn! Eine lockere Kommunikation fällt ihm eher schwer, dafür hat er kein Problem damit, wenn es ab und zu still wird.

Ein Kind, völlig gesund, macht auch einen zufriedenen Eindruck, gibt aber keinerlei Laut von sich. Die Eltern probieren immer und immer wieder, es zu irgendwelchen Tönen oder einem Lachen zu verleiten –

ohne Erfolg. Schließlich geben die Eltern auf, in dem Glauben, das Kind sei stumm. Eines Mittags – die Mutter hat Spinat gekocht – sagt das Kind laut und deutlich: „Ich kann Spinat nicht ausstehen!" Die Mutter starrt wie vom Donner gerührt das Kind an: „Du kannst ja sprechen!" – „Ja, natürlich kann ich sprechen." Die Mutter fragt völlig außer sich: „Ja, warum hast du denn nie ein Wort gesagt?" Das Kind: „Warum sollte ich? Bis jetzt war ja immer alles in Ordnung!"

Der Blaue redet eher wenig und schätzt Menschen, die ebenfalls nicht viel reden. Was ihm guttut, ist, wenn jemand seine Vorbereitung zu schätzen weiß und es ihm mit freundlicher Zurückhaltung zeigt oder sagt. Er liebt Geradlinigkeit, Zuverlässigkeit und Beständigkeit bei seinem Gesprächspartner, denn darauf ist Verlass. Emotionale Menschen beunruhigen ihn, denn Emotionen empfindet er als etwas Unberechenbares. Er liebt Tabellen, Checklisten und Powerpoint-Präsentationen (am meisten, wenn sie von ihm selbst erstellt wurden).

Seine größte Angst ist, einen Fehler zu machen, in der Planung etwas Wesentliches übersehen zu haben, und dadurch z. B. eine falsche Entscheidung zu treffen. Jede Kleinigkeit könnte eine große Konsequenz haben, daher seine Gründlichkeit, ja Penibilität. Er stellt an sich und andere hohe Erwartungen, was Perfektion, Pünktlichkeit, Zuverlässigkeit, Korrektheit angeht. Perfektion ist für ihn wie das Geländer einer schmalen Brücke über einen reißenden Fluss namens Leben. Er braucht sie, um sich entspannen zu können.

Wenn Sie sich beim Lesen dieses Typs irgendwie selbst wieder erkannt haben, dann können Sie – falls Sie auf einen blauen „Artgenossen" treffen – nicht allzuviel falsch machen. Falls Sie jedoch – als Blauer – auf einen anderen Typen stoßen, gelb, grün oder rot, so empfiehlt es sich, mit dem Gesprächspartner etwas nachsichtig zu sein, falls er nicht so gut vorbereitet ist, wie Sie es sind. Bei grünen oder gelben Gesprächspartnern ist es nötig, Ihre Sympathie durch regelmäßiges Lächeln kundzutun, damit sich Ihr Gegenüber wohlfühlt.

DER BLAUE/GEWISSENHAFTE TYP

- Stärken: fundiertes Fachwissen, Durchhaltevermögen, große Gründlichkeit, analytisch perfekt, genau, ordentlich, verlässlich, objektiv
- Schwächen: kontaktschwach, steif, vergleichsweise langsam, unflexibel, wirkt gefühllos und kalt
- vorherrschende Emotion: kritisch, ängstliche Befürchtungen
- wichtig für ihn: Zeit, alles zu durchdenken und zu organisieren, Sicherheit, Bestätigung
- größte Angst: Fehler zu machen, Chaos
- Schlüsselwörter: Qualität, abgesichert, strukturiert, bewährt, fundiert, langjährig erprobt, wissenschaftlich erwiesen, getestet, genau ausgearbeitet, zuverlässig, gut geplant, vorbereitet, präzise, perfekt, Fakten

TIPPS FÜR DEN UMGANG MIT EINEM GEWISSENHAFTEN GESPRÄCHSPARTNER:

- Halten Sie sich zeitlich und inhaltlich exakt an die Vereinbarungen.
- Drücken Sie sich klar und präzise aus.
- Argumentieren Sie logisch, sachlich, strukturiert.
- Wahren Sie Distanz, Haltung und lassen Sie im beruflichen Kontext mit einem Blauen Persönliches weg.
- Nehmen Sie seine Sachlichkeit nicht persönlich.

Die Typen in der Übersicht

Alle diese Typen gibt es natürlich in unterschiedlich intensiver Ausprägung und auch in Mischformen. So gibt es dominant-initiative Menschen, initiativ-stetige, stetig-gewissenhafte oder auch gewissenhaft-dominante. In diesem Fall haben sie Merkmale von beiden Typen. Jeder hat seine Stärken, aber auch seine typischen Schwächen.

Das, was der Dominante gut kann, das kann der Stetige gerade nicht. Und umgekehrt: Dort, wo die Stärke des Stetigen liegt, liegt genau die Schwäche des Dominanten. Das, was der Gewissenhafte kann, vermeidet der Initiative wie die Pest. Und die Schwächen des Gewissenhaften sind genau die Stärken des Initiativen.

So kommt es, dass sich diese entgegengesetzten Typen zwar irgendwie anziehen (denn Gegensätze ziehen sich an), jedoch im alltäglichen Miteinander ihre Probleme haben. Statt fröhlich voneinander zu lernen, richtet sich meist Unmut auf den anderen und frisst sich fest. Menschlich verständlich, jedoch schade. Keiner meint es böse. Jeder ist einfach, wie er ist und gibt sein Bestes – auch wenn der andere ihn für unmöglich, ja geradezu provozierend hält.

Die vier DISG-Typen

	dominant/rot	initiativ/gelb	stetig/grün	gewissenhaft/blau
erster Eindruck	selbstbewusst	humorvoll	freundlich	korrekt
Aus-richtung	extravertiert	extravertiert	introvertiert	introvertiert
	sachbezogen	gefühls-bezogen	gefühls-bezogen	sachbezogen
Stärke	entschlossen	offen	geduldig	präzise
Bedürfnis	Macht	Sympathie	Harmonie	Sicherheit
Angst	Kontrollverlust	Einsamkeit	Konfrontation	Fehler
Schwäche	reizbar	unstrukturiert	fügsam	steif

Wenn Sie bei einem Treffen bereits in den ersten wenigen Minuten den Typ des anderen erfassen können, haben Sie einen riesigen Vorteil. Sie können gezielt die typspezifischen Fettnäpfe vermeiden und stattdessen mit konstruktivem Verhalten Pluspunkte sammeln. So können wir einen guten ersten Eindruck hinterlassen, wo wir normalerweise vielleicht völlig versagt hätten – einfach, weil es nicht unserer Natur entspricht, auf diese spezielle Art aufzutreten.

Welcher Typ bin ich?

Wenn Sie nach den Ausführungen dieses Kapitels noch nicht genau wissen, welcher Typ Sie selbst sind, dann können Sie den Schnelltest auf der folgenden Doppelseite machen. Er sagt Ihnen, wo in etwa Ihre Schwerpunkte liegen und worauf Sie beim ersten Kontakt mit anderen achten müssen.

Denken Sie beim Ausfüllen zunächst an Ihre häufigste Verhaltensweise im privaten Bereich und machen Sie bei dem Begriff ein Kreuzchen, der Sie am besten beschreibt. Anschließend zählen Sie, bei welchem Typ Sie die meisten Kreuze haben. Es kann sein, dass Sie im privaten Bereich ein anderes Ergebnis erzielen, als wenn Sie an Ihren beruflichen Bereich denken. Je nachdem, in welchem Bereich die Begegnung liegt, um die es Ihnen gerade geht, kennen Sie nun Ihren bevorzugten Stil.

> Unsere Eigenwahrnehmung ist manchmal anders als die Fremdwahrnehmung.

Interessant ist für viele auch, wenn Sie einen guten Freund fragen, wie er Sie einschätzen würde. Manchmal kommt dabei ein anderes Ergebnis heraus. Unsere Eigenwahrnehmung ist eben manchmal anders als die Fremdwahrnehmung. Hierbei geht es nicht darum, was nun stimmt. Es geht darum, wie wir uns innerlich fühlen – und wie uns andere empfinden. Beides stimmt.

Test: Welcher Farbtyp bin ich?

	rot		gelb		
Persönlichkeit	dominant	☐☐	offen	☐☐	
spontane Reaktion	rasche Antwort/ redegewandt	☐☐	frei heraus	☐☐	
Argumenta-tionsweise	durchsetzungsstark/ kurz	☐☐	kreativ/spontan/ überzeugend	☐☐	
Kleidung	penibel/genau	☐☐	modisch	☐☐	
Blickkontakt	direkt/fordernd	☐☐	herzlich	☐☐	
Körpersprache	entschlossen	☐☐	offen/enthusiastisch	☐☐	
Stimme	direkt/kräftig	☐☐	gefühlsbetont/ lebhaft	☐☐	
Schritt	resolut/schnell	☐☐	schwungvoll	☐☐	
Gespräche	über Errungen-schaften	☐☐	über Menschen	☐☐	
Dauer der Äußerung	eher kurz	☐☐	ausführlich	☐☐	
Art des Zuhörens	ungeduldig	☐☐	abschweifend	☐☐	
Wesensart	willensstark	☐☐	freundlich/ umgänglich	☐☐	
Verhaltens-weise	starkes Ego/ zielgerichtet	☐☐	positiv/optimistisch	☐☐	
Befürch-tungen	Zeit zu vergeuden	☐☐	jemanden zu beleidigen	☐☐	

Erstes Kästchen: mein privater Stil; zweites Kästchen: mein Stil im Job

	grün		blau		
	beständig	☐☐	gewissenhaft	☐☐	**Persönlichkeit**
	langsam/zögernd	☐☐	vorsichtig	☐☐	**spontane Reaktion**
	diplomatisch	☐☐	präzise, gut vor-bereitet/detailliert	☐☐	**Argumenta-tionsweise**
	angepasst	☐☐	konservativ	☐☐	**Kleidung**
	zurückhaltend	☐☐	flüchtig	☐☐	**Blickkontakt**
	reserviert/ruhig	☐☐	verschlossen	☐☐	**Körpersprache**
	ausgeglichen/ruhig	☐☐	reserviert	☐☐	**Stimme**
	dezent	☐☐	etwas steif	☐☐	**Schritt**
	über Vorgänge/Situationen	☐☐	über Details/Fakten	☐☐	**Gespräche**
	wenig	☐☐	nur das Nötigste	☐☐	**Dauer der Äußerung**
	geduldig	☐☐	selektiv	☐☐	**Art des Zuhörens**
	bejahend/nachgiebig	☐☐	abschätzend/besonnen	☐☐	**Wesensart**
	friedliebend	☐☐	kritisch/misstrauisch	☐☐	**Verhaltens-weise**
	Risiken einzugehen	☐☐	Fehler zu machen	☐☐	**Befürch-tungen**

Sich blitzschnell auf andere einstellen

Wir alle tun es. Meist komplett unbewusst und automatisch. Manche, viele Grüne und Gelbe etwa sind darin wahre Meister. Es geht darum, das Gegenüber innerhalb weniger Sekunden intuitiv zu erfassen und sich dann im Rahmen unserer authentischen Möglichkeiten harmonisch anzupassen. Natürlich ohne dabei ein billiges Schmierentheater abzuziehen. Es gehört zu den sozialemotionalen Fähigkeiten und dem sogenannten EQ, unserem emotionalen Intelligenzquotienten.

Es gibt viele interessante Tests, bei denen untersucht wird, inwieweit jemand z. B. in der Lage ist, bei seinen Mitmenschen Feinheiten in der Mimik, der Gestik und der Körpersprache wahrzunehmen und diese richtig zu deuten. Das ist die Ausgangsbasis. Im zweiten Schritt kommt die Fähigkeit zum Einsatz, sich dementsprechend auch angemessen zu verhalten.

Für diejenigen, die es „im Blut" haben, ist es schwer zu erklären, was sie da eigentlich tun, denn es ist für sie das Normalste der Welt und zu komplex und intuitiv, als dass sie es in Worte fassen könnten. Doch kann man ihr Tun wissenschaftlich sehr gut durch Videoaufzeichnungen bis ins letzte Detail erfassen. Fakt ist, dass man lernen kann, sich auf andere einzustellen. Sogar systematisch. Unter der Überschrift „Pacing and Leading" (aus dem Englischen für „Angleichen und Führen") führt NLP (siehe S. 43) Schritt für Schritt in die Magie der praktizierten Menschenkenntnis und sozialemotionalen Fähigkeiten ein. Wenn Sie möchten, besuchen Sie einmal einen Kurs. Es ist spannend und macht auch noch Spaß. Wir wollen uns hier die wichtigsten Informationen dazu zusammen ansehen.

Angleichen und Führen

Jeder Mensch ist anders. Je unterschiedlicher wir sind, umso größer ist die Wahrscheinlichkeit, dass es zu Missverständnissen kommt, denn jeder geht nun mal von sich selbst aus, wenn er das Verhalten des anderen deutet. Während die klassische Schule der Körpersprache versucht, die ungeheuer komplexen Möglichkeiten des körperlichen Ausdrucks in all ihren Kombinationen zu deuten, geht es beim NLP darum, die Körpersprache sensibelst wahrzunehmen und diese dann einfach zu spiegeln, und zwar *ohne* ihr eine gewichtige Bedeutung zu geben. Dieses Vorgehen führt zum gewünschten Ergebnis, nämlich dem gegenseitigen Verständnis, dem „Draht" zueinander.

Es wird beim NLP ganz bewusst darauf verzichtet, die jeweilige Körperhaltung des Gegenübers zu deuten, denn eine Deutung könnte eventuell danebenliegen, wenn man sich nicht wirklich genau auskennt. Wenn Sie immer auf der richtigen Spur sein wollen, greifen Sie einfach zur folgenden NLP-Methode: Ahmen Sie die Körpersprache Ihres Gegenübers unauffällig nach. Warum? Man hat festgestellt – und darin ist sich die Wissenschaft einig –, dass bei gegenseitiger Sympathie die Wahrscheinlichkeit enorm steigt, unbewusst eine gleiche Körperhaltung einzunehmen. Einer ist in Führung, der andere passt sich an, schwupp – beide mögen sich. Alles ist gut.

Wenn das ohnehin von allein geschieht, brauchen wir uns ja nicht drum zu kümmern, werden Sie sich nun denken. Stimmt. Wenn es jedoch *nicht* von allein geschieht, dann ist es von unschätzbarem Vorteil, davon zu wissen und schnellstmöglich ein bisschen nachzuhelfen. Wir haben ja schon festgestellt, dass verschiedene Körperhaltungen, aber auch unsere Mimik und die Gestik eine direkte Auswirkung nach außen

Bei gegenseitiger Sympathie nehmen beide unbewusst eine sehr ähnliche Körperhaltung ein.

und innen haben. Indem wir also eine Haltung nachahmen, haben wir sofort Gelegenheit zu spüren, wie sich der andere fühlt. Ist das nicht allein schon Grund genug, diese Technik anzuwenden? Wer wollte nicht schon mal gern „Mäuschen spielen" und einer Person in die Karten schauen?

Doch damit nicht genug. Auf geradezu magische Weise nimmt unser Gegenüber völlig unbewusst die Ähnlichkeit unserer Körperhaltung wahr. Dies führt dazu, dass er/sie sich mit uns vertraut und verwandt fühlt. Es entsteht Entspannung. Offenheit wird leichter möglich. Die Tür für gegenseitiges Verständnis und Sympathie ist schneller geöffnet. Eine ebenso einfache wie effektive Technik, die jedes Kind anwenden kann.

Nur haben wir Erwachsenen zum Teil eine Ablehnung gegen das Nachahmen von anderen, insbesondere, wenn es sich um Haltungen handelt, die normalerweise nicht in unser übliches Repertoire gehören. Nach dem Motto: Bin ich dann noch „ich selbst"? Außerdem drängt sich die Frage auf: Ist das denn richtig, wenn ich mich verstelle, um auf diese Weise künstlich Sympathie zu erzeugen?

Diese Fragen stellen sich am Anfang einer NLP-Ausbildung viele. Was ist mit dem Anspruch auf Ehrlichkeit und Authentizität, wenn wir wie die Kasper einander nachmachen? Und ist es nicht auch dem anderen gegenüber unfair, ihm etwas vorzugaukeln?

Ich denke, diese Frage kann sich letztlich nur jeder selbst beantworten. Es hat sicherlich sehr viel mit unserem Motiv zu tun, ob es ethisch als positiv oder als negativ zu bewerten ist. Ist unsere Absicht dabei die, den anderen besser zu verstehen und ihm trotz zunächst empfundener Andersartigkeit näher kommen zu können, oder wollen wir ihn nach allen Regeln der Kunst über den Tisch ziehen – und zwar so schnell, dass er die dabei entstehende Reibungswärme für Nestwärme hält? Als effektives Instrument des besseren Verständnisses füreinander ist es sicherlich für alle annehmbar.

Hier drängt sich noch eine weitere Frage auf: Wollen wir für alle Zeiten so bleiben, wie wir sind, oder sind wir daran interessiert, unsere Komfortzone im Laufe unseres Lebens langsam zu erweitern, uns weiterzuentwickeln und Neues zu lernen? Die Komfortzone beinhaltet das, was wir schon immer getan haben und wobei wir uns sicher fühlen. Gehen wir über die Grenzen unserer Komfortzone hinaus, entsteht normalerweise ein leichtes Unbehagen, das nichts anderes ist als Unsicherheit, da wir uns auf unbekanntem Terrain befinden. Daher haben wir die Tendenz, uns im bekannten Reaktionsbereich zu halten, wo alles beim Alten bleibt.

Wer sich aber gern weiterentwickelt und dazulernt, für den ist dieses „komische Gefühl" in Ordnung, ja sogar spannend und interessant. Und eigentlich spricht nichts dagegen, auch mal etwas anderes auszuprobieren, oder? Wenn wir gern etwas dazulernen, verlieren wir auch nicht das Gefühl, „ich" zu sein, nur weil wir hin und wieder ungewohnte Bewegungen, Sitzhaltungen oder Mimiken ausprobieren.

Wenn wir uns aus unserer Komfortzone herauswagen, lernen wir andere Welten kennen und bleiben geistig jung und flexibel.

Wenn wir uns aus unserer Komfortzone herauswagen, lernen wir andere Welten kennen und bleiben geistig jung und flexibel. Und Flexibilität und wertfreie Neugier sind Zeichen von Offenheit und auch Entwicklungsfähigkeit. Spiegeln kann als Versuch bezeichnet werden, den anderen besser zu verstehen, in seine Welt einzutauchen und dabei den eigenen Horizont zu erweitern.

Was alles können wir spiegeln?

Im Grunde alles, was wir sehen, hören, denken, reden oder fühlen können. Immer vorausgesetzt, wir fühlen uns dabei wohl.

Haben Sie schon mal ganz bewusst darauf geachtet, auf wie viele verschiedene Weisen man z. B. auf einem Stuhl sitzen kann? Sitzt unser Gegenüber mit seinem Hinterteil ganz vorn an der Kante, in der Mitte, seitlich oder ganz hinten? Wie ist seine Beinhaltung: parallel, eng, offen, überkreuz, und wenn ja wo: bei den Oberschenkeln oder überkreuzt an den Fußgelenken? Sind die Beine ruhig oder in einer Bewegung, wenn ja, in welcher und mit welcher Geschwindigkeit, welchem Rhythmus?

Wie ist die Haltung des Oberkörpers: nach vorn gebeugt, zur Seite oder nach hinten an die Arm- oder Rückenlehne gelehnt? Wie hält er die Arme: vor der Brust verschränkt, parallel auf den Armlehnen, in die Hüfte gestemmt, breit mit einem Arm auf der Rückenlehne, vielleicht kombiniert mit schräger Sitzhaltung, oder die Ellenbogen auf dem Tisch, die Unterarme flach auf dem Tisch, eine Hand unter dem Tisch, beide unter dem Tisch, die Hände beieinander oder auseinander, ruhige Hände oder mit irgendeiner Bewegung beschäftigt, und wenn ja, mit welcher und in welcher Geschwindigkeit?

Wie ist die Kopfhaltung? Wie der Blick: von oben nach unten, von unten nach oben, geradeaus? Welche Emotion transportieren die Augen? Sind sie ruhig und klar oder zwinkern die Lider auffällig oft? Wie häufig pflegt er Augenkontakt und wie lange? Wie ist die Mimik: um den Mund herum weich oder verspannt, sind die Mundwinkel nach oben, gerade oder eher nach unten geneigt, sehen die Lippen weich aus oder zusammengepresst? Welche Mimikfalten zeigen in diesem Gesicht den wiederkehrenden Gesichtsausdruck: die Zornesfalte zwischen den Augenbrauen, die Lachfalten um die Augen herum? Und so weiter …

Wir können jedes Verhalten spiegeln, das wir sehen, hören oder fühlen können.

Sie sehen, allein in dem Bereich, den wir sehen können, gibt es eine Unzahl von Aspekten, die wir beachten und spiegeln können. Wenn wir können. Denn dieses Spiegeln bedarf, wie Sie sich vorstellen können, auch wenn es im Grunde kinderleicht ist, einer gewissen Übung.

Ich weiß noch, wie ich zum ersten Mal innerhalb der NLP-Ausbildung von diesen Dingen hörte und im Anschluss daran versuchte, alle Menschen um mich herum entsprechend zu beobachten und sie zu spiegeln. Es geschah während dieser Zeit immer mal wieder, dass ich jemanden mit derartiger Konzentration fixierte und gleichzeitig bemüht war, meine einzelnen Körperteile in die richtige Position zu bringen, dass mir der Inhalt des Gesprächs vollkommen entglitt. „Hallo? Hörst du mir eigentlich zu?" Ups. Nein. Ich war viel zu beschäftigt, meine Arme und Hände zu sortieren.

Was hilft, ist nur eins: Übung, Übung, Übung. Dann brauchen wir auch nicht während der gesamten Zeit unsere komplette Aufmerksamkeit aufs Beobachten

> Was hilft, ist nur eins: Übung, Übung, Übung.

und Spiegeln verwenden, sondern lediglich regelmäßig immer wieder eine kurze Sekunde. Und Spiegeln ist viel mehr als nur die gleiche Körperhaltung einzunehmen. Das ist erst der Anfang.

Wir können auch die akustische Ebene spiegeln. In welcher Lautstärke, in welchem Ton (weich oder eher hart, hoch oder tief?) spricht unser Gesprächspartner, in welcher Geschwindigkeit, welches Sprachniveau wählt er: leger oder gehoben, macht er Pausen, welche Melodie haben seine Sätze? Lacht er manchmal und wenn ja, wie? Eher laut oder ein leises Kichern, verächtlich oder warmherzig? Aber auch inhaltlich: welche Themen wählt er, welche Worte: Spricht er in bildhafter Sprache oder drücken seine Worte starke Gefühle aus? Wie hoch ist der Redeanteil: Ist es ein Vielredner oder eher ein zurückhaltender Zeitgenosse, der lieber zuhört?

Der nächste Abschnitt des systematischen Spiegelns ist der der Bewegung bzw. der Gefühlsebene. Welche Geschwindigkeit hat er insgesamt drauf, welche Bewegungen, Gestik macht er? Sind es große, ausladende Hand- und Armbewegungen oder ganz dezente Zeichen? Ist es ein ruhiger Zeitgenosse oder ein Zappelphilipp, springt er öfters auf, setzt sich wieder, benutzt flinke Gesten und Handbewegungen oder eher langsame, ausladende? Ist er vielleicht etwas ungeschickt, wirft mal etwas um? Oder wirkt jede Bewegung ruhig, kontrolliert und souverän?

Wirken seine Äußerungen gefühlsbetont und temperamentvoll oder eher sachlich, kühl und distanziert? Lässt er sich von uns „bewegen"? Zeigt er also seine Anteilnahme über den Ton seiner Stimme oder über die Augen, wenn wir von uns erzählen? Ist Interesse anhand von persönlichen Fragen und konzentriertem Zuhören erkennbar? Hier geht es um die Gefühlsebene, die nicht immer perfekt greifbar ist, aber doch wahrnehmbar. Auch dieser sogenannte kinästhetische Kanal kann gespiegelt werden. Wenn jemand z. B. ein trauriges Gesicht macht, oder ein ernstes, ein vergnügtes oder liebevolles, können wir diese Mimik nachahmen und erhaschen einen Eindruck von seinem derzeitigen Innenleben.

Mit einem ruhigen, sachlichen Gegenüber konfrontiert könnten wir uns dementsprechend in eine ähnliche innere Stimmung versetzen und ruhig und sachlich vorgehen. Einem temperamentvollen, agilen Gesprächspartner gegenüber könnten wir auch ein bisschen „Gas geben", etwa mit der Geschwindigkeit unseres Sprechens oder unserer Gestik.

Wahrnehmungstypen

Auch die Wortwahl bietet ein großes Feld der Spiegel-Möglichkeiten. Wie wir schon gesehen haben, kommt es nicht so sehr darauf an, *was* wir sagen, sondern oft vielmehr, *wie* wir es sagen. Erinnern Sie sich noch an die fünf Sinneskanäle (siehe S. 43)? Es sind spezifische Kanäle, die wir uns in unterschiedlichem Maß zu eigen machen, wenn wir lernen, die Welt zu erfassen: den visuellen Kanal (Sehen), den auditiven (Hören), den kinästhetischen (Fühlen), den olfaktorischen (Riechen) und den gustatorischen (Schmecken).

Babys hören bereits im Mutterleib und erkennen ab der Geburt schon bald die Stimmen der Hauptbezugspersonen. Als kleine Kinder erfühlen wir uns selbst und die Welt. Wir fassen alles an und stecken es gern in den Mund, um es auch im Mund zu erfühlen und zu erschmecken.

Die entsetzte Reaktion unserer Mütter treibt uns das allerdings nach und nach aus. Erst viel später entwickeln wir scharfes Sehen.

Bis zur Pubertät haben wir einen Hauptwahrnehmungskanal entwickelt, den wir präferieren: Sehen, Hören oder Fühlen. Viele Menschen glauben im Zweifelsfall mehr dem, was sie sehen, als dem, was sie hören oder fühlen. Diese fast schon penetrante Sonderstellung unserer visuellen Fähigkeiten im Vergleich zu unseren anderen Wahrnehmungsmöglichkeiten ist richtiggehend erstaunlich, denn wir verfügen über so viel mehr Antennen als nur unsere Augen.

> Bis zur Pubertät haben wir einen Hauptwahrnehmungskanal entwickelt, den wir präferieren: Sehen, Hören oder Fühlen.

Auf dem gleichen Kanal antworten

Je nach Veranlagung und Prägung entwickeln wir alle spätestens bis zur Pubertät einen Hauptwahrnehmungskanal, über den wir ab dann die meisten Informationen entgegennehmen. Die wichtigsten Kanäle für Erwachsene sind der visuelle, der auditive und der kinästhetische, die sich nicht nur in der Art, zu denken, sondern auch in der Wortwahl zeigen. Wenn wir mit den verschiedenen Typen schnell in guten Kontakt kommen wollen, empfiehlt es sich, auf die Formulierungen zu achten, und auf dem gleichen „Kanal" zu antworten.

Visuelle Menschen: Menschen mit einem visuellen Zugang nehmen die Welt mit all ihren zahlreichen Kriterien hauptsächlich über die Augen wahr. Natürlich hören, fühlen, riechen und schmecken auch sie, doch ihr Lieblings-Wahrnehmungskanal ist der des Sehens. Visuelle Typen denken und sprechen in Bildern. Man erkennt sie an relativ schnellem Wortfluss, relativ hoher Stimme und lebhafter Gestik (man könnte auch sagen: an ihrem wildem Herumgefuchtel, mit denen sie in ihren vorgestellten, inneren Bildern herumdeuten – nicht selten fliegt dabei auch ein Glas vom Tisch). Der visuelle Typ neigt zu Wortschwällen und spricht oft so lange, bis ihm die Luft ausgeht. Konzentriert man sich auf ihre Augenbewegungen, sind diese regelmäßig wiederkehrend nach oben gerichtet, so als würden sie sich aus der Luft über ihrer Stirn Informationen holen.

Oft haben sie visuelle Berufe, wie Architekt, Innenarchitekt, Friseur, Verleger, Maler, Fotograf, Redakteur, Lektor, Kosmetikerin ... und es kommt ihnen stark darauf an, wie etwas aussieht – und weniger, wie sich etwas anfühlt oder anhört. Ihre Hobbys sind Lesen, Fernsehen, Kino, Wohnungsgestaltung, Dinge sammeln.

Wenn ein Visueller seinen Urlaub am Meer beschreibt, bezieht er sich auf das Sichtbare: „Wir waren auf Mallorca und dort ist das Meer sowas von blau, die Sonne hat die ganze Zeit gestrahlt und ich bin sehr braun geworden. Ich schau mir auch so gern diese Inselstädtchen an mit ihren bunten Häusern. Und der Sonnenuntergang am Meer, diese Farben: rosa und lila, es war ein so schöner Anblick!"

DER VISUELLE TYP

Visuelle Menschen verwenden hauptsächlich Worte oder Formulierungen, die auf sichtbare Elemente der Welt hindeuten: Farbbezeichnungen und Worte wie:

analysieren, anscheinend, Ansicht, Auge, Ausblick, ausmalen, beobachten, ich bin im Bilde, bildlich, bildschön, blicken, Blickwinkel, blinzeln, bloßes Auge, bunt, demonstrieren, direkt vor Augen, dunkel, ein Bild für Götter, einen Blick dafür bekommen, einen Blick riskieren, es sieht so aus, fotographisches Gedächtnis, geistiges Bild, grau, hell, Horizont, Illusion, im Blick haben, im Licht von, inneres Auge, ins Auge fallen, etwas mit denselben Augen sehen, ins Unendliche starren, inspizieren, klar abgegrenzt, Klarheit, liebäugeln, mir scheint, nebelhaft, Perspektive, rot sehen, scheinbar, schleierhaft, schön, sehen, sonnenklar, Szene, den Tatsachen ins Auge sehen, Überblick, unklar, vage, verschwommen, Vision, vorhersehen, vorzeigen, weitsichtig, zeigen

Beispiele mit Antworten in der gleichen Sprache:

- „*Siehst* du, was ich meine?" – „Ja, langsam wird mir *klar*, um was es geht"
- „Können Sie sich ein *Bild* davon machen?" – „Ja, sogar sehr gut: ich *sehe* es vor meinem *geistigen Auge*."
- „Dein Vorschlag *sieht* für mich noch sehr *verschwommen* aus." – „Vielleicht kann ich noch ein wenig *Licht ins Dunkel* bringen."

> **Tipp:** Einem visuell orientierten Menschen müssen wir *zeigen*, dass wir ihn mögen und um was es geht. Wenn wir es nur *sagen*, wird es bei ihm kaum ankommen. **!**

Auditive Menschen: Menschen mit auditivem Zugang haben sehr entwickelte Ohren. Ihnen entgehen ebenso wenig die kleinsten Schwankungen in unserer Stimme wie unharmonische Töne in der Musik. Man erkennt sie daran, dass sie oft den Kopf leicht schräg halten, sodass ein Ohr nach vorn kommt. Durch diese Schrägstellung erhalten sie differenziertere akustische Informationen, wie z. B. aus welcher Himmelsrichtung ein Geräusch kommt und weitere Details wie Entfernung, Winkel, Lautstärke, Tonhöhe.

Auditive Typen sprechen ruhig und deutlich mit wohlklingender, rhythmischer, klangvoller Stimme, die tief aus dem Brustkorb zu kommen scheint – im Gegensatz zum visuellen Typen, der mehr aus dem Kehlkopf spricht. Die Auditiven sprechen langsamer als die Visuellen und sind am melodiösen Tonfall zu erkennen. Unharmonische, schrille Töne tun ihnen geradezu körperlich weh. Sie haben oft Berufe, bei denen es ums Hören oder ums Reden geht, z. B. Musiker, Sänger, Rechtsanwälte, Redner, Lehrer, Tontechniker, Hi-Fi-Händler, Seminarleiter, Radiosprecher, Moderator … Sie gehen gern in Konzerte, führen lange Telefonate und spielen ein Musikinstrument.

Wenn ein Auditiver von seinem Urlaub am Meer erzählt, wird er oft die Klänge seiner Umwelt beschreiben: „Wir haben einen harmonischen Urlaub am Meer verbracht. Das Rollen der Brandung und die Schreie der Möwen entspannen mich immer so. Ich wäre gern noch länger dort geblieben, um dem Lärm der Großstadt zu entfliehen."

DER AUDITIVE TYP

Auditive hören sich gern sprechen und verwenden überdurchschnittlich häufig Worte und Formulierungen, die auf den Klang hinweisen. Beispiele hierfür sind:

aufpassen, ausgesprochen, ausplaudern, aussprechen, äußern, behaupten, Bemerkung, Bericht, besprechen, das höre ich gern, detailliert beschreiben, die Meinung sagen, dröhnend, erwähnen, erzählen, es klingt mir in den Ohren, befragen, geräuschvoll, Gerücht, Gesprächsrunde, glockenrein, guter Ruf, Harmonie, hörbar, innere Stimme, in Rufweite, klangvoll, Klatschgeschichte, kommunizieren, krachend, lärmend, leihen Sie mir Ihr Ohr, leise, melodisch, misstönend, mündlich, Musik in meinen Ohren, nie gehört, Plappermaul, quietschen, redegewaltig, röhren, Ruhe, sagen, schrill, Schweigen, sich unterhalten, singen, sprechen Sie es ruhig aus, Stimme, Tonfall, Tratsch, verborgene Botschaft, verkünden, Wort für Wort, zuhören, zusammenfassen

Beispiele mit Antworten in der gleichen Sprache:
- „Hast du die verborgene *Botschaft* rausgehört?" – „Ja. Sein *Tonfall* deutete schon so was an. Ich bin wirklich *sprachlos*."
- „Das *klingt* gut für mich, ich werde es machen." – „Das kann man wohl *sagen*, ich *verstehe* dich mit deiner Entscheidung."
- „Der *Lärmpegel* im Klassenzimmer war so hoch, dass man den Lehrer kaum noch *verstanden* hat." – „Das *hörte* ich schon, es ist wirklich schlimm. Man könnte *Schreikrämpfe* bekommen!"

 Tipp: Einem auditiv orientierten Menschen sollten wir nichts *aufzeigen*, sondern ihm *sagen*, dass wir ihn mögen und um was es geht, damit es bei ihm ankommt.

Kinästhetische Menschen: Hier haben wir es mit den Gefühlstypen zu tun. Beim kinästhetischen Kanal geht es um die innere und äußere Bewegung. Mit innerer Bewegung sind unsere Gefühle gemeint, mit äußerer Bewegung unsere Körpermotorik. Natürlich bewegen wir alle uns und haben Gefühle, doch ein kinästhetischer Typ hat seinen Schwerpunkt darauf gelegt, die Welt zu erspüren. Fühlen können wir unsere Gefühle, unsere Intuition und taktile Reize (alles, was wir anfassen oder auf der Haut spüren). Ein kinästhetischer Mensch interpretiert die Welt auf Basis der Gefühle, die wir bei ihm auslösen, und entscheidet sich aufgrund seiner Intuition.

Ein kinästhetischer Typ ist im Privatleben garantiert ein Schmusefan, er liebt es, Dinge anzufassen, und lässt sich Entscheidungen durch den Bauch gehen. Gefühlstypen brauchen einen Moment länger, da es einfach ein bisschen dauert, bis sich ein Gefühl entwickelt. Sie sprechen deutlich langsamer als die Visuellen und auch weniger, da sie oft Probleme haben, ihr Gefühl vernünftig in Worte zu fassen. Statt viel zu reden, drücken sie lieber jemandem mitfühlend die Hand.

Man erkennt einen kinästhetischen Typen daran, dass er den Kopf tendenziell öfter ein kleines bisschen nach unten richtet und auch die Augenbewegungen Richtung Bauch abwandern, als würde er von dort Informationen einholen. Er spricht normalerweise ruhig und in gemäßigtem Tempo, seine Gestik ist eher dezent und ruhig. Die Gefühlsmenschen haben oft Berufe, bei denen sie mit ihrem Gefühl oder ihrem Tastsinn arbeiten können: Psychologe, Bildhauer, Schreiner, Bewegungstherapeut, Zahnarzt, Chirurg, Sport- oder Tanzlehrer, Masseur ... Der Kinästhet liebt es, in seiner Freizeit zu tanzen, genüsslich etwas zu essen und zu trinken; er segelt, taucht, läuft, hebt Gewichte, schwimmt, wandert, liegt in der Sonne, geht in die Sauna oder nimmt gern heiße Bäder. Wenn ein Kinästhet von seinem Urlaub am Meer erzählt, berichtet er vermutlich, wie angenehm sich der Sand zwischen den Zehen anfühlt, der Wind zart die Haut streichelt, die Sonne den Körper aufwärmt ...

DER KINÄSTHETISCHE TYP

Die vom kinästhetischen Typ gewählten Worte deuten vermehrt auf Gefühle, Bewegungen oder Spürbares hin, wie z. B.:

aalglatt, Ahnung, aktiv, anschieben, angespannt, auf unsicherem Boden, ausstrecken, ausquetschen, Berührung, betroffen, Bewegung, Bindung, bleib dran, den Rücken freihalten, die Fäden ziehen, die Karten auf den Tisch legen, Druck, drunter und drüber, Durcheinander, durchhängen, ein Gefühl für etwas haben, eiskalt, es kratzt mich nicht, etwas abbekommen, etwas am Hals haben, festmachen, fließen, fühlen, Fundament, gehen, halt die Ohren steif, Hand anlegen, Hand in Hand, handhaben, hart, heiße Diskussion, heiter, Herzklopfen, Hitzkopf, ich kann Ihnen nicht folgen, kalt, etwas in den Griff bekommen, glatt, in Kontakt kommen, Intuition, konkret, lauwarm, leichtfertig, messerscharf, niedergeschlagen, oberflächlich, rastlos, rau, reiß dich zusammen, sauer, schmerzhaft, Schrecksekunde, sensibel, sich etwas aus dem Kopf schlagen, solide Basis, Stress, traurig, umschalten, unter Druck setzen, unterstützen, verständnislos, warm, weich, Zugriff, zupacken

Beispiele mit Antworten in der gleichen Sprache:

- „In Bezug auf Thailand als Urlaubsziel habe ich ein gutes *Gefühl*." – „Ich hatte schon so eine *Ahnung*, dass es dir da gefällt."
- „Sie bekommt ihre *Gefühle* einfach nicht in den *Griff*." – „Das kann für einen *sensiblen* Menschen unter diesem *Druck* aber auch *schwer* sein."
- „Es hat mich richtig *durcheinander* gebracht, dass ich so lang im Stau *festsaß*." – „Da hilft nur eins: den *Kopf nicht* verlieren und sich bewusst *entspannen*."

 Tipp: Einem kinästhetischen Menschen können wir nichts Schöneres sagen als „Ich weiß, wie du dich fühlst." Gern dürfen wir ihm dabei auch die Hand oder den Arm drücken.

Olfaktorische Menschen: Olfaktorisch heißt dem Geruchssinn folgen. In unserer zivilisierten Welt ist unser Geruchssinn fast verkümmert.

Natürlich schnuppern wir gern an unserer Lieblingsspeise oder einem guten Wein, doch im Vergleich zu Naturvölkern oder der Tierwelt erhalten wir Menschen, vor allem als Erwachsene, vergleichsweise fast keine Informationen über diesen Kanal. Hunde z.B. riechen, wenn jemand Angst hat. Oder Schnaken riechen unseren Atem und den Geschmack unseres Blutes. Zebras riechen die Nähe eines Löwen auf viele Meter hinweg usw.

Auch unter uns Menschen gibt es welche, die ein besonders „feines Näschen" haben. Meist leiden sie darunter, denn es gibt jede Menge aufdringlicher, unangenehmer Gerüche, die ihnen das Atmen zur Qual machen. Doch verdrehen bzw. schließen sie natürlich auch bei guten Düften voll Begeisterung ihre Augen. Da es so gut wie keine

> Es gibt Menschen unter uns, die ein besonders „feines Näschen" haben.

menschlichen olfaktorischen Typen gibt, die die Welt hauptsächlich über ihren Geruch wahrnehmen, kann dieser Kanal bei der Analyse unseres Gesprächspartners unbeachtet bleiben. Er wird hier nur der Vollständigkeit halber erwähnt.

Gustatorische Menschen: Genauso selten ist der gustatorische Zugang als Hauptkanal, also über den Geschmack. Eine Ausnahme bilden Köche, die in ihrem Leben sehr viel mit Nase und Feinschmeckergaumen arbeiten. Die meisten anderen Menschen sind diesbezüglich geradezu unterentwickelt, wenn sie diesen Kanal mit ihren Fähigkeiten im Bereich des Sehens, Hörens oder Fühlens vergleichen. Wir lassen uns eher durch visuelle Reize geschmacklich sehr leicht aus dem Konzept bringen. Wenn etwas ganz anders schmeckt, als es aussieht, dann verwirrt uns das oft so, dass wir nicht sagen können, nach was es denn nun wirklich schmeckt.

Die verschiedenen Wahrnehmungstypen sprachlich zu spiegeln ist etwas, das ein bisschen Übung erfordert. Zum einen, um die verwendeten Formulierungen unseres Gegenübers bewusst herauszufiltern und die Augenbewegungen und Gestik zu analysieren, zum anderen, um dann unsererseits auf diesem Kanal zu kommunizieren.

ÜBUNG: WAHRNEHMUNGSTYPEN SPRACHLICH SPIEGELN

Am besten üben Sie alleine vor dem Radio oder dem Fernsehapparat, zunächst mit Zettel und Stift „bewaffnet" und sich auf jedes Wort konzentrierend. Zeichnen Sie zunächst drei Spalten: „Visuell – auditiv – kinästhetisch" und machen Sie dann bei jedem gehörten Satz bzw. Wort entsprechend Striche. Nach ein paar Minuten können Sie die Präferenz des Sprechers erkennen.

Durch solche Übungen erweitern Sie auch Ihre Wortwahl in den verschiedenen Wahrnehmungskanälen.

Je nach Thema wird es selbstverständlich eine Tendenz zum einen oder anderen Kanal geben: Wenn wir die Sätze einer Kochsendung analysieren, erhalten wir vermutlich wesentlich mehr olfaktorische und gustatorische Worte, als wenn wir die Nachrichten, einen Liebesfilm oder eine Talkrunde auswerten. Jedoch repräsentieren dennoch die Menschen, um die es hier geht, einen bestimmten Typ.

 Tipp: Achten Sie doch mal vermehrt auf Worte, die sich auf die Welt der Sinne beziehen, dem Sehen, Hören, Fühlen, Riechen oder Schmecken!

Apropos Nachrichten: Es gibt sowohl im Business- wie auch Wissenschaftsbereich eine neutrale Sprache, die fast ausschließlich auf sinnesspezifische Worte verzichtet. In diesem Fall ist es sehr schwer, einen Typ herauszukristallisieren. Man kann allerdings davon ausgehen, dass sich dieser Mensch gewohnheitsmäßig stark von seinen Sinnen und Gefühlen entfernt hat und sich vorwiegend im Verstand aufhält. Wenn wir ihn für einen perfekten ersten Eindruck spiegeln wollen, sollten wir auch sachlich und dezent auftreten.

Natürlich gibt es wie bei allem keine 100 %-Typen, sondern meist Mischtypen. Das macht es beim Spiegeln etwas einfacher für uns: Wir können auch auf verschiedenen Kanälen antworten. Jedoch erkennt man bei geübter Analyse schnell die Hauptpriorität. Fakt ist, wenn Menschen die gleichen Sinneskanäle benutzen, erhöht sich von Anfang an die Wahrscheinlichkeit, dass sie sich gegenseitig verstehen und mögen. Warum also nicht etwas nachhelfen, wenn wir dazu in der Lage sind?

Die Grenzen des Spiegelns

Dort, wo wir uns nicht mehr als „wir selbst" empfinden, ist zunächst eine Grenze erreicht, die wir in diesem Moment nicht überschreiten sollten. Vielleicht irgendwann, wenn wir geübter sind und uns nicht mehr über unser jetziges Spektrum definieren. Vielleicht auch nie.

Ein weiteres No-Go beim Spiegeln ist, jemanden, der besondere „Ticks" hat, nachzuahmen. Wenn es um eine körperliche Einschränkung geht, müssen wir beim Spiegeln sehr vorsichtig sein, um zu vermeiden, dass sich jemand von uns veralbert fühlt. Wenn jemand z. B. stottert, dann stottern wir besser nicht mit ihm.

Vielleicht lächeln Sie an dieser Stelle beim Lesen, so wie es oft meine Seminarteilnehmer tun, wenn ich das sage. Wer würde das schon tun? Interessant ist allerdings, dass bei Videoaufzeichnungen sichtbar wurde, dass Menschen, die intuitiv extrem gut sind beim Spiegeln, sogar in solchen Situationen, also im Gespräch mit jemandem, der stottert, Momente lang Schwierigkeiten zeigten, flüssig zu sprechen. Es scheint

> Wenn es um eine körperliche Einschränkung geht, müssen wir beim Spiegeln sehr vorsichtig sein.

so zu sein, dass sie sich mit solcher Inbrunst in den anderen hineinversetzen, dass sogar solche Besonderheiten während des Kontakts instinktiv übernommen werden. Wenn dies automatisch geschieht, dann hat es eine menschliche Herzensebene und führt tatsächlich zu Nähe. Der Gesprächspartner fühlt sich in dem Fall nicht veralbert, sondern in Verbindung mit uns, es fällt gar nicht auf. Ich empfehle jedoch nicht, es aus dem Verstand heraus als „Technik" einzusetzen.

Trotzdem kann man ohne Weiteres Besonderheiten spiegeln, jedoch in leicht veränderter und auch dezenterer Form. Zuckt oder zwinkert z. B. jemand in auffälliger Weise, spielt permanent mit einem Kugelschreiberknopf oder wippt wie verrückt mit dem Bein, könnten wir stattdessen in ähnlichem Rhythmus mit einem Finger auf die Tischplatte tippen. In so einem Fall nehmen wir die Geschwindigkeit und den Rhythmus unseres Gegenübers zwar auf, spiegeln ihn jedoch sehr unauffällig in einem anderen Körperbereich. Die Spiegelung kommt so über die unbewusste Wahrnehmung beim anderen an.

> Wenn Sie Besonderheiten spiegeln möchten, tun Sie es in leicht veränderter und dezenterer Form.

Eine weitere Sondersituation ist, wenn sich z. B. ein Mann in einer eindeutig „männlichen" Körperhaltung auf den Stuhl setzt – und wir eine Frau sind. Oder umgekehrt. Jeder weiß, dass es Positionen gibt, oder auch die Art zu gehen, die geschlechtsspezifisch typisch sind. Diese nachzuahmen wirkt dann unfreiwillig komisch und wäre unpassend. Frauen können sich z. B. – nicht nur aufgrund enger Röcke – einfach nicht auf breitbeinige Art hinsetzen, ohne einen ordinären Eindruck zu machen. In so einem Fall gehen wir einfach vorsichtig bis an die gefühlte Grenze des gesellschaftlich Anerkannten mit dem Spiegeln.

Natürlich hätte es mit Spiegeln nichts mehr zu tun, wenn eine Frau in einer solchen Situation die Beine übereinanderschlägt – das wäre praktisch das glatte Gegenteil von seiner Haltung. Sie könnte sie daher locker parallel nebeneinander positionieren, zwar offen, aber auch nicht so breit wie das Gegenüber es tut.

Wir können allerdings mit unserer Art zu sprechen, der Wortwahl, dem Sprachniveau, vielleicht dem Dialekt (wenn wir zufällig den gleichen haben), der Lautstärke usw. sehr gut spiegeln, also etwa im Fall eines sehr „männlich" auftretenden Gesprächspartners betont burschikos und ebenso selbstbewusst wie er auftreten, um ihm einerseits etwas entgegenzukommen und andererseits dabei auf Augenhöhe zu bleiben.

Umgekehrt gilt das natürlich genauso: Wer sich als Mann beim Spiegeln einer Frau perfekt weiblich bewegt, erzeugt schnell den vielleicht falschen Eindruck. Auch hier gilt also: nur tendenziell spiegeln, sonst geht der Schuss nach hinten los.

Sonderfall Aggression

Wir haben alle gelernt, wenn jemand aggressiv auftritt, ihn möglichst sofort zu beschwichtigen und zu beruhigen. Wir reagieren instinktiv mit einem Verhalten im Kontrastprogramm: Unser Gegenüber kommt aufgebracht, laut, hektisch auf uns zu – wir reagieren gedämpft, leise, beruhigend und vergleichsweise langsam. Was glauben Sie: Ist das richtig, nach allem, was Sie inzwischen vom Spiegeln gehört haben?

Erstaunlicherweise: nein! Bei jeglichem Kontrastverhalten stehen sich zwei Welten gegenüber, die sich nur durch einen längeren, anstrengenden Zeitverlauf (vielleicht) angleichen – und wer sich dann an wen angleicht, ist auch noch die Frage. Oder beide schaffen es nicht, sich anzugleichen, und die Situation bleibt komplett unharmonisch.

Tipp: Auch bei aggressiven Situationen gilt: erst angleichen und dann führen.

Auch wenn es uns verwundert: Es geht viel schneller, das aufgebrachte Gegenüber zu beruhigen, wenn wir es konsequent, aber freundlich spiegeln. Also in Lautstärke, Geschwindigkeit, Emotionalität in der Stimme usw. aufgreifen und verständnisvoll, freundlich, mitfühlend bzw. sachlich Inhalt zu ihm sprechen. Wir regen uns also mit dem Gesprächspartner gemeinsam auf. Wir verstehen ihn inhaltlich und emotional so sehr, dass wir genauso aufgeregt und laut und erbost sind wie er. Wir verbünden uns. Auf diese Weise beruhigt sich der aufgebrachte Zeitgenosse auf die schnellstmögliche Art. Denn er merkt auf der Stelle, dass wir ihn verstanden haben und genauso denken wie er. Also ist es nicht mehr nötig, weiterhin herumzumeckern.

Wenn wir wahrnehmen, dass die Aggression sinkt, ist die Zeit der Lösungsvorschläge gekommen. Nicht vorher. Erst dann ist es möglich, gemeinsam über Lösungen nachzudenken.

Kennen Sie das Sprichwort „Wenn du es eilig hast, gehe langsam"? Wenn wir etwas ändern möchten, geht der Weg grundsätzlich darüber, erst beim Ausgangspunkt zu verweilen und mit Haut und Haar, Herz und Verstand in diese (ungeliebte) Schwingung zu gehen – egal, wie wir es nennen wollen: innerlich oder äußerlich zu „spiegeln", uns dem anzugleichen, damit eins werden. Wenn wir einen Zustand, egal, ob wir ihn haben oder unser Gegenüber, zuerst ohne Widerstand für einen Moment vollkommen akzeptieren können, ihn spiegeln und uns ihm hingeben und ihn fühlen wollen – dann bekommt diese Gefühlsqualität ihren Raum.

Es geht viel schneller, ein aufgebrachtes Gegenüber zu beruhigen, wenn wir es konsequent, aber freundlich spiegeln.

Und wenn das geschehen ist, können wir sie verwandeln – wenn sie sich nicht sogar von alleine verwandelt hat. Denn meist geschieht es dann von allein. Tun wir das jedoch nicht, sondern kämpfen dagegen an, wird der Stress oder Ärger nicht nur stärker, sondern er hält auch länger an.

Inhalte spiegeln

Natürlich können wir nicht nur in der Form, sondern auch inhaltlich die Gedanken und Themen unseres Gegenübers aufgreifen und ihm zurückspiegeln. Viele von uns tun das in Unterhaltungen sowieso automatisch. Dies ist eine sehr angenehme Technik, um eine harmonische Atmosphäre zu erzeugen, ohne das geringste Risiko, ein Fettnäpfchen zu erwischen. Es ist insbesondere dann eine geniale Möglichkeit, wenn wir nicht wirklich wissen, was wir sagen sollen: Wir wiederholen also die Punkte, die unser Gesprächspartner nennt, jedoch in eigenen Worten. Es ist sehr gesprächsfördernd, wenn wir den Inhalt des Gesagten, so wie wir ihn verstanden haben, in eigenen Worten zusammenfassen und als Frage wieder zurückgeben.

Grundsätzlich gilt: Wir greifen flexibel und spontan immer das auf, was uns der Gesprächspartner anbietet, auch wenn es noch so beiläufig oder auch gegensätzlich ist. Wir: „Ein Sauwetter ist das, nicht wahr?" – Unser Gesprächspartner: „Den Blumen tut's gut!" – „Ah! (erfreut) Sie sind ein Freund von Pflanzen?" Auch hier gilt also: Nicht in der Kategorie „halb leer" denken („Er hat meinen Small Talk abgeschmettert"), sondern „halb voll" wahrnehmen („Er hat ein neues Thema eingebracht").

> Grundsätzlich gilt: Greifen Sie flexibel und spontan immer das auf, was Ihnen der Gesprächspartner anbietet.

Wir haben hiermit die wichtigsten Möglichkeiten des Spiegelns kurz angerissen. Es gibt eine wahre Flut von weiteren Aspekten, die darüber hinaus noch spiegelbar sind. Es ist ein riesiges, spannendes Feld, und wenn Sie Lust haben, können Sie das Spiegeln Schritt für Schritt und einen nach dem anderen über Wochen hinweg ganz unauffällig üben. Dann macht es Spaß, und Sie werden ganz nebenbei immer besser darin. Und wenn Sie dann mal einen Moment haben, in dem es darum geht, im ersten Eindruck spontan richtig gut zu sein, dann haben Sie es fast schon automatisch drauf.

Für den gelungenen, ersten Eindruck reicht es vollkommen, unser Gegenüber von Anfang an auf wohlwollende und unauffällige Art zu spiegeln. Also keine hektischen Bewegungen, nur weil sich unser Gesprächspartner während des Gesprächs plötzlich anders hinsetzt. Lassen Sie sich ein paar Sekunden Zeit und folgen Sie ihm dann wie nebenbei in die neue Sitzhaltung. Das Spiegeln allein ist in manchen Situationen jedoch erst der Anfang.

Wenn das Gespräch ins Stocken gerät

Wenn wir realisieren, dass z. B. nach dem Small Talk, währenddessen wir unseren Gesprächspartner gespiegelt haben, das Gespräch plötzlich zum Erliegen kommt, können wir schon mal kurz ins Schwitzen kommen: „Was soll ich denn nun sagen?" Machen Sie sich keinen Stress, denn sonst fällt Ihnen erst recht nichts ein. Außerdem ist es durchaus okay, mal einen Moment nichts zu sagen, gerade, wenn Sie Ihren schweigsamen Mitmenschen gerade gut spiegeln.

Vielleicht können Sie an dem eben begonnenen Gespräch noch einmal anknüpfen. „Sie sagten gerade, Sie sind nicht mehr in dieser Branche tätig. In welcher sind Sie denn inzwischen?" Oder gab es einen negativen Inhalt im Gespräch, an dem unser Gegenüber nun eventuell noch geistig „kaut"? Dann können Sie das durchaus direkt ansprechen: „Ja, so eine Kündigung kann einem schon auf den Magen schlagen." Oder Sie fangen einfach ein ganz neues Thema an und erzählen kurz etwas von sich: „Ich war früher mal in einem ganz anderen Bereich als heute tätig, und zwar ..."

> **!** **Tipp:** Wenn das noch „junge" Gespräch ins Stocken gerät, bleiben Sie ruhig, nicken zustimmend und spiegeln Ihr Gegenüber freundlich. Dann wird das Schweigen nicht als belastend empfunden, sondern als Gemeinsamkeit.

Wenn wir es mit einem wirklich schweigsamen Zeitgenossen zu tun haben, ist es vor allem wichtig, seine Zurückhaltung nicht persönlich zu nehmen. Bleiben Sie entspannt und offen. Lächeln Sie, nicken Sie gedankenversonnen. Spiegeln Sie Ihren stillen Gesprächspartner körpersprach-lich. Neue Anknüpfungspunkte könnten sein: ein auffälliges Schmuckstück, sein Auto, ein gemeinsamer Bekannter, etwas, das wir vielleicht von Dritten über ihn

> Bleiben Sie auch bei einem schweigsamen Zeitgenossen entspannt und offen.

gehört haben: „Ich habe gehört, Sie spielen Golf?", „Sie haben beim Chatten mal geschrieben, dass Sie gern lesen, was lesen Sie denn zur Zeit?"

Nach dem Spiegeln

Auch wenn das „Führen" innerhalb eines Gesprächs meist lange nach den ersten fünf Minuten stattfindet, soll es hier doch kurz angeris-sen werden. Das Spiegeln oder Angleichen dient dem gezielten und schnellstmöglichen Herbeiführen von Harmonie und Übereinstim-mung der Gesprächspartner. Wenn wir auf einer Welle schwingen, können wir im späteren Verlauf der Begegnung auch gezielt in eine gewünschte Richtung „vorausgehen", und unser Gesprächspartner wird uns dann höchstwahrscheinlich folgen. Hiermit sind z. B. eine andere Körperhaltung, eine andere Lautstärke, andere Themen, eine andere Stimmung, ein neuer Vorschlag unsererseits usw. gemeint.

Wozu? Wir hatten vorhin das Beispiel eines aufgebrachten Gegen-übers, den wir zunächst in Ton, Lautstärke und Geschwindigkeit gespiegelt haben, um ihn dann in ein ruhigeres Fahrwasser zu füh-ren. Genauso funktioniert es auch bei traurigen Mitmenschen. Sol-chen sofort mit lustigen Sprüchen und Witzchen zu kommen, um sie aufzuheitern, führt eher zum Gegenteil. Doch nach dem ausführlichen Angleichen können wir es wagen, das Spiegeln ganz sanft auszuschleichen und stattdessen etwas anderes, Neues zu tun, das ganz vorsichtig eine positivere Stimmung einleitet. Bei einem traurigen Gesprächspartner zeigen wir also zunächst eine ganze Weile Mitgefühl und Verständnis für seine Trauer und teilen seine Sorge, um dann später vielleicht eine Geschichte zu erzählen, die ebenfalls belastend anfängt, dann aber ein unerwartet gutes Ende nimmt.

 Merke: Wer einen anderen eine Weile gut gespiegelt hat, ist dann auch in der Lage, ganz langsam dessen Stimmung zu ändern.

Natürlich sollte das Führen nicht abrupt geschehen, sondern vorsichtig. Langsam in Führung zu gehen heißt, wir ändern z. B. die Geschwindigkeit oder die Lautstärke, in der wir sprechen. Und beobachten dann, wie unser Gesprächspartner reagiert. Oder wir ändern die emotionale Färbung unserer Stimme in die gewünschte Richtung, z. B. nicht mehr langsam und mitfühlend, sondern etwas schwungvoller und gut gelaunt. Oder unsere Körperhaltung. Oder unseren Atemrhythmus oder unsere Mimik. Oder, oder, oder. Alles, was die Situation in die erwünschte Richtung führen kann.

Auf keinen Fall jedoch alles zusammen, denn das wirkt wie ein harter Bruch im Kontakt. Wir machen also *eine* sanfte kleine Änderung und beobachten, was mit unserem Gegenüber passiert. Geht er mit? Verändert sich auch bei ihm die Geschwindigkeit, Körperhaltung, der Atemrhythmus oder die Mimik, wie wir dies körpersprachlich „vorgeschlagen" haben? Wenn ja, können wir ganz langsam weiter in die gewünschte Richtung führen. Wenn nein, gehen wir wieder zurück in die Spiegelung, gleichen uns noch eine Weile an und probieren dann nach kurzer Zeit wieder ganz sanft zu führen.

Langsam in Führung zu gehen heißt, wir ändern z. B. die Geschwindigkeit oder die Lautstärke, in der wir sprechen.

Verwandeln von unerfreulichen Gemütszuständen

Wozu dient das Führen eigentlich? Reicht es nicht, wenn wir Harmonie erzeugt haben? Es reicht natürlich, wenn wir beide in einem angenehmen Zustand sind. Bei einem aggressiv oder depressiv verstimmtem Gegenüber oder bei konfusen oder gestressten Gesprächspartnern ist es allerdings naheliegend, dass wir denjenigen auch aus Nächstenliebe möglichst bald wieder in eine positive Verfassung bringen möchten. Auch einen ablehnenden Zeitgenossen möchten wir vielleicht in einen uns zugewandten verwandeln. Einen Versuch ist es allemal wert.

Fakt ist, je intensiver jemand verstimmt ist, umso länger (in Minuten, manchmal in Stunden oder sogar Tagen) müssen wir ihn spiegeln, bevor er sich führen lässt. Manchmal geht es also nicht in fünf Minuten, manchmal nicht mal während eines gemeinsamen Termins. Wir brauchen vielleicht mehrere.

Wir haben eine Tendenz, manche Stimmungen und Gefühle als „schlecht" und andere als „gut" zu bewerten. Doch gehören sie einfach auch zu unserem Repertoire zu fühlen und haben eine natürliche Daseinsberechtigung in unserem Menschsein. Und daher haben sie wie kleine eigensinnige Persönlichkeiten auch den Anspruch, den ihnen zustehenden Raum und Aufmerksamkeit zu bekommen. Erst dann sind sie zufrieden und bereit, wieder zu gehen. So kommt es, dass wir, wenn wir zu früh in Führung gehen, manchmal einfach keinen Erfolg erzielen können, ja vielleicht sogar das Gegenteil erreichen. Hat nicht schon jeder von uns mal versucht, jemanden zu trösten und aufzuheitern und musste dann angesichts des immer größer werdenden Dramas irgendwann hilflos diesen Versuch einstellen? Oder haben Sie vielleicht auch schon einmal bei einem wütenden Mitmenschen bemerkt, dass es Ihnen nicht gelingt, ihn zu besänftigen, weil dieser mit jeder Ihrer Bemühungen nur noch wütender wurde? Manchmal ist es sogar dem Wütenden gelungen, *uns* mit seiner Stimmung anzustecken statt umgekehrt. Am Ende waren wir genauso sauer wie er.

Tipp: Manche Gefühle wollen erst in Ruhe gefühlt werden, bevor sie sich durch Angleichen und Führen wegzaubern lassen.

Das sind Beispiele, in denen wir versucht haben, der sogenannten negativen Stimmung nicht ihren Raum zu lassen, also zu früh versucht haben, in eine positive zu führen. In-Führung-Gehen ist also etwas, das wir sehr sensibel und unauffällig – und erst nach einer eindeutigen und ehrlichen Spiegelphase – angehen können. Erst dann haben wir eine Chance damit.

Die Kunst, andere zu mögen

Meist sind wir so mit uns beschäftigt, dass wir phasenweise ganz vergessen, uns wirklich auf den anderen einzulassen. Wir machen uns Gedanken, was der andere gerade über uns denken könnte oder sollte, was er in Bezug auf uns fühlt und was er mit uns in Zukunft vielleicht vorhat. Alles dreht sich um uns. Vor lauter Aufregung sind wir lauter kleine Egomanen – und sind uns dessen nicht mal bewusst. Weil wir das ja nicht aus Wichtigtuerei so machen, sondern oft aus Angst, nicht geachtet oder gemocht zu werden, nicht zu funktionieren, nicht erfolgreich zu sein usw.

 Tipp: Sie wollen gemocht werden? Dann fangen Sie damit an, Ihren Gesprächspartner zu mögen – und zwar von ganzem Herzen.

Es gibt zwei Arten, in einen Kontakt zu gehen. Entweder nach dem Motto: „Hallo, hier bin ich!" oder „Wie schön: Da bist du ja!" Können Sie sich vorstellen, wie es eine Begegnung verwandelt, wenn wir statt uns selbst unser Gegenüber in den Mittelpunkt stellen? Wenn wir uns selbst erst mal nicht so wichtig nehmen, sondern diesen Menschen vor uns? Wenn wir hier sind, um *ihn* oder *sie* kennenzulernen und seine bzw. ihre Weltsicht zu verstehen? Wenn wir es spannend finden herauszufinden, wer das ist, wie dieser Mensch sich fühlt und wie er zu seinen Ansichten kam? Wenn wir ihm grundlegend wohlwollend gegenübersitzen und ihm nicht nur unser Ohr, sondern auch unser Herz leihen? Können Sie sich vorstellen, wie beruhigend und entspannend es für uns selbst ist, wenn wir mit diesem Vorsatz in den Kontakt gehen – anstatt uns auf unsere Wirkung zu konzentrieren?

Nichts Besonderes „können" zu müssen, sondern nur einfach „da" sein zu können und uns für diesen Menschen zu öffnen? Und wie erfreulich und „anders" das für unser Gegenüber ist? Wir reden mit dem Gesprächspartner über ihn, seine Interessen, seine Bedenken, seine Erfahrungen, seine Ziele. Wir versuchen, achtungsvoll, geistig in seine Welt einzutauchen.

Wenn uns das nur ein einziges Mal gelungen ist, dann haben wir die Qualität gespürt, die dadurch entsteht. Es ist eine kraftvolle, fast magische Präsenz, die wir dadurch ausstrahlen und die eine Begegnung irgendwie verzaubern kann. Und nicht, indem wir etwas hinzufügen, eine Fähigkeit, irgendein Tun, sondern, indem wir ganz und gar da sind, ein paar vertiefende Fragen stellen, aktiv zuhören und alles annehmen, was dabei entsteht. Die menschliche Basis, die dabei entsteht, lässt alles Weitere fast wie von selbst geschehen.

> Wenn wir wenig oder keine Erwartungen an den anderen haben, sondern neugierig, herzlich und offen sind, fühlt sich unser Gegenüber automatisch ganz anders.

Wenn wir wenig oder keine Erwartungen an den anderen haben, sondern neugierig, herzlich und offen sind, ehrlich interessiert, dann fühlt sich der Mensch uns gegenüber automatisch auch ganz anders. Jede Erwartung unsererseits erzeugt einen gewissen Druck. Offenheit und Interesse hingegen schafft einen freien Raum für echte Begegnung, von Mensch zu Mensch, genau jetzt. Das macht diesen Moment speziell und besonders. Der andere merkt es, auch wenn er es nicht in Worte fassen kann. Irgendetwas ist hier anders. Es ist ungewohnt, aber angenehm. Kein Kräftemessen, kein anstrengendes Sich-Präsentieren und -Darstellen. Einfach Mensch sein dürfen – das ist es, wonach wir uns alle sehnen.

 Merke: Ihre Präsenz, Ihr echtes Interesse und ein geöffnetes Herz verzaubern jede Begegnung.

Andere zu mögen ist eine Kunst. Es ist nicht immer leicht, einen anderen zu mögen. Wie schnell drängen sich uns Kleinigkeiten auf, die wir nicht an ihm mögen. Und schwupp: Schon ist der ganze Mensch nicht mehr interessant oder wir fühlen uns kritisch und ablehnend. Das geht verdammt schnell. Doch wenn wir es mitbekommen, können wir einen mäßigenden Einfluss darauf ausüben. Wir können z. B. gezielt nach Kriterien beim anderen suchen, die wir sympathisch finden. Dann können wir die negativen Aspekte verwandeln. Kommt uns ein Gesprächspartner z. B. zu dominant vor, so können wir uns bewusst machen, welche positiven Seiten dieses Verhalten hat: entscheidungsstark, weiß, was er will, zeigt sich, wie er ist usw.

Wir erarbeiten uns also von einer Sicht des halb leeren Glases das halb volle. Ist jemand z. B. geizig, könnte man mit Recht behaupten, er sei sparsam und kann mit Geld umgehen, er sei diszipliniert und konsequent, kann Prioritäten setzen usw. Benimmt sich jemand wie ein Fähnchen im Wind, können wir trotzdem anerkennen, dass derjenige feine Antennen für andere hat und sich perfekt anpassen kann, dass er flexibel ist in seiner Meinung, dass er jeden Standpunkt verstehen kann und, wo er auch ist, mit jedem in Harmonie gehen kann.

 ### ÜBUNG: BEIDE SEITEN BELEUCHTEN

Notieren Sie sich zehn Eigenschaften an anderen, die Sie nicht leiden können. Und dann erarbeiten Sie sich die positiven Aspekte davon.

AUSBLICK

Wir haben uns mit vielen Stellschrauben des ersten Eindrucks befasst. Angefangen bei unserer inneren Haltung zu uns selbst und zum anderen bis hin zu unserer Vorstellung von der Begegnung. Wir haben uns Gedanken gemacht über unsere Wünsche oder Ziele und unser Äußeres überdacht. Es ging um Körperhaltung, Körpersprache, Mimik, Gestik, Augenkontakt. Wir haben über die ersten Worte gesprochen, über Small Talk, über die Macht der guten Laune und positiven Schwingungen; über unsere Vorstellung und mit welchen Fragen wir ein Gespräch in Gang bringen und am Laufen halten können. Um die Möglichkeit, den anderen als Typ einzuschätzen und ihn auf den verschiedensten Ebenen zu spiegeln, um auf die gleiche Wellenlänge mit ihm zu kommen. Es ging ums Zuhören und unsere Aufmerksamkeit, um unsere Stimme und um das Spiegeln und Führen.

Ist es nicht erstaunlich, wie viel man über fünf Minuten sagen kann? Und sicher ist es noch lange nicht vollständig. Es kann einem nahezu unendlich vorkommen, auf was man alles achten kann oder soll für diese kurze Zeitspanne. Aber wissen Sie, was aus meiner Sicht das Allerwichtigste ist?

Wenn wir uns selbst mögen, dann wirken wir selbstbewusst und interessant auf andere. Wenn wir dann zusätzlich unseren Gesprächspartner mögen, dann spürt er das auf angenehme Weise. Wenn wir dann noch echtes Interesse und Präsenz dazugeben, ist das schon sehr viel mehr, als jemand erwartet. Nun noch einen Schuss gute Laune dazu, ein herzliches Lächeln und gemeinsames Lachen – und die Begegnung ist perfekt!

Wenn wir beginnen, nach und nach diese Herzensqualität in unsere Kontakte zu bringen, tragen wir dazu bei, dass mehr Verständnis und Harmonie zwischen den Menschen entstehen kann. Können Sie sich vorstellen, wie anders unsere Welt wird, wenn wir uns auf diese Weise begegnen? Vielleicht möchten Sie das ja sogar zu Ihrer „Marke" machen?

ANHANG

Weitere Veröffentlichungen

Frauen wollen reden, Männer hören nicht zu. Tipps und Anregungen für eine glückliche Beziehung. Moewig (2002).

Sieben Schlüssel. Was sich Männer von Frauen und Frauen von Männern wünschen. Moewig (2004).

Ich dich auch, Liebling. Warum Beziehungen wundervoll sind, wenn man miteinander spricht. Humboldt (2008).

Minenfeld Partnerschaft. Wege aus der Beziehungskrise. Humboldt (2009).

Kompetent reden im Beruf. Das Geheimnis erfolgreicher Frauen. Ein Kommunikationstraining. Humboldt (2010).

Literatur

Argyle, M.: Körpersprache & Kommunikation. Nonverbaler Ausdruck und soziale Interaktion. Junfermann (2013).

Blume, Jutta D.: Gekonnt reden im Beruf. Das Geheimnis erfolgreicher Frauen. Ein Kommunikationstraining. Humboldt (2010).

Bruno, T./Adamczyk, G./Bilinski, W.: Körpersprache. Ihr souveräner Auftritt. Haufe (2014).

Cantor, N. und Mischel, W.: Prototypicality and personality: Effects on free recall and personality impressions. Journal of Research in Personality, 1979, 13, 187–205.

Cialdini, R. B.: Die Psychologie des Überzeugens. Wie Sie sich selbst und ihren Mitmenschen auf die Schliche kommen. Huber (2013).

Curtis, R./Miller, K.: Believing another likes or dislikes you: Behaviors making the beliefs come true. Journal of Personality and social Psychology 1986, 51 (2), 284–290.

Dion, K. K./Berscheid, E./Walster, E.: What is beautiful is good. Journal of Personality and Social Psychology, 1972, 24, 285–290.

Forgas, J. P.: Soziale Interaktion und Kommunikation. Eine Einführung in die Sozialpsychologie. Psychologie Verlags Union (1999).

Lowndes, Leil: Wie man das Eis bricht. 92 Wege, um mit jedem ins Gespräch zu kommen und Vertrauen aufzubauen. mvg Verlag (2014).

Mueser, K. T. et al.: You are only as pretty as you feel. Facial expression as a determinant of physical attractiveness. Journal of Personality an Social Psychology, 1984, 46, 469–478.

Topf, C./Reiter, M.: Sympathien gewinnen. Haufe (2012).

Leseprobe

Jutta D. Blume

Gekonnt reden im Beruf

Das Geheimnis erfolgreicher Frauen
Ein Kommunikationstraining

Einleitung

Es gibt viele Ratgeber für erfolgreiche Kommunikation, und die meisten empfehlen uns männliche Strategien, weihen uns in deren „Spielregeln der Macht" ein. Taktik, Dominanzverhalten, Durchsetzungskraft, dem Gegenüber Respekt oder gar Angst einflößen, gegen ihn gewinnen. Es ist gut, diese Methoden zu kennen, doch soll das heißen, wir können nur auf männliche Weise erfolgreich sein? Ist Erfolg denn männlich?

Wir haben alle „weibliche" und „männliche" Eigenschaften in uns, man kann sie unseren inneren männlichen und weiblichen Teil nennen. Diese finden in unseren beiden Gehirnhälften ihr Zuhause. ...
In diesem Buch befassen wir uns zunächst mit unseren weiblichen Fähigkeiten und „graben" diese wieder aus, um sie neu wertzuschätzen. Hier geht es etwa darum, den Draht zu unserer berühmt-berüchtigten weiblichen Intuition wieder herzustellen, um Weichheit, Liebe sich selbst gegenüber und um um Methoden, wie man sich optimal auf sein Gegenüber einstimmt. Mit der Kraft unserer „inneren Frau" bauen wir zunächst uns selbst und dann Verbidnungen zu anderen auf. Es entsteht ein unsichtbarer, kraftvoller Magnetismus.

Anschließend wenden wir uns unseren inneren „männlichen" Fähigkeiten zu, wie unserem logischen Verstand, Struktur, selbstbewusste Kommunikation und entschlossenem Handeln. Sie erfahren zahlreiche Möglichkeiten, auch in schwierigen Gesprächssituationen elegant und selbstsicher aus Ihrer inneren Kraft heraus zu agieren. Unser „innerer Mann" repräsentiert unseren Mut, Veränderungen herbeizuführen und die Fähigkeit, zielorientiert und überzeugend aufzutreten.

.....

Die Magie unserer inneren Frau – weibliche Stärken

Die Energie des Yin dient dem Bewahren dessen, was ist. Es hält alles zusammen, beschützt, kühlt, beruhigt und wirkt ausgleichend. Yin repräsentiert die Stille, das Weiche, das empfängliche Prinzip; hier sind die Kunst des Wartens auf den richtigen Moment, Vertrauen, Intuition und die Kraft unserer Träume und Gefühle zu Hause. Die Stärke des Yin liegt auch im Sichausruhen, in der Sammlung und geistigen Vorbereitung. Es trägt die Würde einer Königin in sich.

.....

In diesem Buch geht es um Erfolg. Erfolg setzt sich aus Intuition, Intelligenz und geeigneten „talentierten" Handlungen zusammen, um die eigenen Herzenswünsche wahr werden zu lassen. Was jedoch Erfolg im Leben für Sie heißt, das können nur Sie selbst wissen. Es hat unmittelbar mit der Vision Ihres Lebens zu tun und damit, wie Sie sich – auf Ihre ganz individuelle Weise – einbringen möchten.

.....

Intuition – unsere innere Führung nutzen

.....

Ein aufblitzendes inneres Bild oder zartes Gefühl, das von innen her versucht, mit uns Kontakt aufzunehmen, unsere Aufmerksamkeit auf sich zu ziehen, um uns zu führen: unsere Intuition. Sie rät uns manchmal zu Dingen, die nicht vernünftig wirken, mit denen wir vielleicht allein dastehen, … , und die alle möglichen Risiken „im richtigen Leben" mit sich bringen. … Unsere Gefühle und die Intuition kommen durch die gleiche Tür. … Indem wir uns regelmäßig entspannen, sind wir nachweislich empfänglicher für Informationen aus höheren Ebenen unserer eigenen Intelligenz und unserer allseits gepriesenen weiblichen Intuition. Es ist einfach leichter, an einem stillen Ort, … diese feine Stimme zu hören als mitten im lauten Getümmel des ganz normalen Wahnsinns. Und der heiße Draht zu unserer inneren Stimme hilft uns enorm, um herauszufinden, was wir wirklich wollen, wie wir dafür die richtigen Prioritäten setzen in der Flut von Anforderungen und wie wir immer wieder die richtigen Weichen stellen.

.....

Die Königin kennt ihre Stärken und Verletzungen, ihre Geschichte, ihre Ängste, ihre Erfolge und vergeblichen Bemühungen, ohne sich für irgendetwas davon zu schämen. Es gehört alles zu ihr, ist Ausdruck und Ursache ihrer Macht und Würde. Selbstbewusste Frauen bemühen sich daher darum, die Sprache des Lebens zu verstehen. Sie setzen ihre Intelligenz und die Weisheit ihres Herzens ein, um die Zeichen richtig zu deuten - um sich ständig weiterzuentwickeln.

.....

Die Energie unseres inneren Mannes zielorientiert einsetzen

.....

Sie dient der Aktivität, Entfaltung und Veränderung. Das Yang ver-
strömt sich, erhitzt alles und bringt in Bewegung. Es reißt Grenzen
nieder, zerstört das Alte und steht für unser Handeln. Es repräsentiert den inspirierten Impuls, unseren Mut, das Harte. Es initiiert alles
Neue. Hier sind unsere Kraft und unser Kampfgeist zu Hause.

Die Fakten für das Gespräch vorbereiten

Nachdem wir uns mit der Magie unseres Yin erst selbst in Höchstform
gebracht, uns dann Gedanken über den Sinn unseres Kontaktes sowie
die Persönlichkeit unseres Gegenübers gemacht haben, können wir
uns nun mit der Energie unserer linken Gehirnhälfte, unserem logischen Verstand, um die nackten Fakten des Inhalts kümmern. ...Sam-
meln Sie nicht nur alle Vorteile, sondern auch alle Argumente, die Ihr
Gegenüber gegen Ihren Vorschlag haben könnte, und entwickeln Sie
dafür kreative Lösungsmodelle. Planen Sie z. B. bei Gehaltsverhand-
lungen von Anfang an spielerisch ein Nein Ihres Chefs mit ein und
halten Sie eine überzeugende Antwort darauf parat. Überlegen Sie
sich auch Lösungen für den Fall, dass Ihr Gegenüber ein Pokergesicht
aufsetzt und mit einem barschen „Darüber brauchen wir gar nicht zu
reden" oder einem bedauernden „Mir sind leider die Hände gebunden"
aufwartet. Die Vorbereitung von Argumentationslisten, Antworten auf
mögliche Einwände, Nutzennennung, Leistungsaufzählungen, bishe-
rige Ergebnisse und hilfreiche Beispiele gehören in eine gute inhalt-
liche Vorbereitung. Ebenso eine Aufzählung dessen, womit Sie dem
Unternehmen Geld oder Zeit eingespart haben, neue Kunden gewonnen, alte gehalten, Abläufe optimiert, Qualität oder Quantität erhöht
haben, ein Projekt erfolgreich abgeschlossen oder das Team motiviert
haben bzw. dies in Zukunft tun könnten.

.....

Das Vierphasenmodell

Phasenmodelle für Gespräche haben natürlich mehr den Charakter eines hilfreichen roten Fadens, an den wir uns entspannt halten können, als von starren, streng voneinander getrennten Blocks. Ich arbeite als grobe Orientierungshilfe gern mit diesen vier Phasen: der Begrüßungs-, Informations-, Präsenations- und Abschlussphase. Jede der vier Phasen hat ihre eigene Aufgabe und schafft Schritt für Schritt die vier Voraussetzungen für erfolgreiche Win-Win-Gespräche: Vertrauen, Kenntnis der Situation aller Beteiligten, individuell maßgeschneiderte Präsentation und ein Abschluss, der alle einen Schritt weiter bringt.

.....

Einwänden, Kritik und Reklamationen professionell und kooperativ begegnen

.....

Klassischerweise empfinden wir Einwände oder Kritik als Störung. Je nach Ton sogar als Angriff. ... In der Luft liegt die Frage, wer Recht und wer Schuld hat, ... und wer wohl diesmal der „Sieger" ist. Der Mythos „Es kann nur einen geben" - einen, der im Recht ist - macht das Thema der Uneinigkeit so heikel. Keiner will der Unterlegene sein, ... der nicht bekommt, was ihm vermeintlich zusteht. Wir denken uns in solchen Situationen zwei Widersachr. Nur, weil zwei Menschen verschiedene Erfahrungen und Meinungen, verschiedene Prioritäten haben, verschiedene Ängste oder Stärken. Doch sie sind keine Widersacher. Sie sind sich nur in ein oder zwei Punkten durch die Verschiedenartigkeit in ihrem Denken, Fühlen oder Handeln etwas fremd. ... Gute Lösungen lassen immer zwei Gewinner zurück und größeres Verständnis füreinander. Und genau das ist unser Anliegen. Deswegen verschließen oder verkrampfen wir uns auch nicht, wenn unser Gesprächspartner seine anderslautende Ansicht äußert, sondern bleiben weich und offen für ihn. ... Einwände, Beschwerden, Kritik haben einen viel schlechteren Ruf, als sie es verdienen. Genau genommen zeigt unser Gegenüber uns nur, wie er die Welt sieht. ... Kein Grund, sich zu verspannen. Hier handelt es sich um eine sehr gute Gelegenheit, Vertrauen aufzubauen und zu festigen; es ermöglicht uns, den anderen noch besser kennenzulernen, gemeinsame Lösungen zu erarbeiten und vielleicht sogar die eigene Sicht zu erweitern.

·····

Wenn unser freundliches Ignorieren des Negativen nicht geholfen hat (wie im Abschnitt „Positiv formulieren" beschrieben) und ein Widerspruch hartnäckig wiederkommt, dann sollten wir ihm unsere wohlwollende Aufmerksamkeit schenken. ... Geben Sie Ihrem Gegenüber, auch Ihren Zuhörern im Vortrag, ruhig freundlich die Gelegenheit, Ihren Vorschlag zu hinterfragen, Sie anzugreifen. Das zeugt von wahrer Größe. Wenn unser Mitspieler seine Gedanken offenlegt, können wir damit arbeiten. ... Wir haben drei Möglichkeiten, konstruktiv mit derlei Gesprächssituationen umzugehen: die Fragetechnik, die Ja-Ja-Und-Methode und den Weg der Weichheit:

·····

Geheimnis Nr. 24: Die Königin weiß, dass jeder vermeintliche Gegner ein zukünftiger Kooperationspartner sein kann.

·····

Erfolgreich in ein selbstbewusstes Leben

Sicheres Auftreten

Das Erfolgstraining für ein selbstbewusstes Leben

So verbessern Sie Körpersprache, Stimme und Selbstvertrauen

- Training für Stimme, Körpersprache und Selbstvertrauen
- Das Coaching für mehr Sicherheit
- Mit vielen Übungen und Tipps für Job und Freizeit

Auch als eBook erhältlich

Ann-Christin Baßin
Sicheres Auftreten
184 Seiten, 11,8 x 17,0 cm, Broschur
ISBN 978-3-86910-478-2
€ 12,99 [D] € 13,40 [A]

Stand Juli 2014. Änderungen vorbehalten.

Mehr Präsenz für leise Menschen

- Perfekt für alle Introvertierten, die sich nicht verstellen möchten
- Praxiserprobtes Konzept mit alltagstauglichen Tipps
- Mit sieben starken Regeln für mehr Präsenz

Auch als eBook erhältlich

Natalie Schnack
Leise überzeugen
184 Seiten, 14,5 x 21,5 cm, Broschur
ISBN 978-3-86910-500-0
€ 19,99 [D] € 20,60 [A]

Bibliografische Information der Deutschen Nationalbibliothek
Die Deutsche Nationalbibliothek verzeichnet diese Publikation in der Deutschen Nationalbibliografie; detaillierte bibliografische Daten sind im Internet über http://dnb.ddb.de abrufbar.

ISBN 978-3-86910-504-8 (Print)
ISBN 978-3-86910-550-5 (PDF)
ISBN 978-3-86910-549-9 (EPUB)

Die Autorin: Die studierte Diplompsychologin und Psychotherapeutin blickt auf eine erfolgreiche Karriere im psychologischen wie auch wirtschaftlichen Umfeld zurück. Sie arbeitet seit 1995 selbstständig als Psychologin und Autorin im Raum Nürnberg und bundesweit als Seminarleiterin und Trainerin. Bezüglich ihrer Privatklienten ist sie spezialisiert auf Themen wie Partnerschaft, Kommunikation, Angst-/Stress-/Burnoutbewältigung und akute Krisenintervention. Im Businessbereich ist sie mit ca. 15 Jahren Vertriebs- und Führungserfahrung als Coach und Trainerin in den Bereichen Verkauf, Führung, Vision, Motivation, Teamarbeit und Konfliktmanagement in ganz Deutschland tätig.
Jutta D. Blume ist NLP-Trainerin, akkreditierte Insights-Beraterin, in Organisations- und Familienstellen ausgebildet und Autorin zahlreicher, erfolgreicher Bücher und Fachartikel. Ihre Bücher wurden in mehrere Sprachen übersetzt. An der Fachhochschule Jena war sie Lehrbeauftragte für Kommunikation im Fachbereich Marketing und Kommunikation.

Kontakt
www.jutta-d-blume.de
kontakt@jutta-d-blume.de
Tel. 09171-853412 oder 0179-5969101

Originalausgabe

© 2014 humboldt
Eine Marke der Schlüterschen Verlagsgesellschaft mbh & Co. KG,
Hans-Böckler-Allee 7, 30173 Hannover
www.schluetersche.de
www.humboldt.de

Lektorat: Linda Strehl, München
Layout: Sehfeld, Hamburg
Covergestaltung: Kerker + Baum Büro für Gestaltung, Hannover
Coverfoto: Gettyimages – Westend61
Zeichnungen: Peter Engelhardt, Ottendorf-Okrilla (www. diegoettin.com)
Satz: PER Medien+Marketing GmbH, Braunschweig
Druck und Bindung: gutenberg beuys feindruckerei GmbH, Langenhagen